ITALIANO • TEDESCO - ITALIENISCH • DEUTSCH

LIBRO BILINGUE - ZWEISPRACHIGES BUCH

emilio esbardo

perugia tra immagini e parole
- il mio manifesto poetico -

perugia zwischen bildern und worten
- mein poetisches manifesto -

Trelleborger Straße 17, 13189 Berlin
Stampa / Druck: BoD - Norderstedt

ISBN: 978-3-948473-02-0

www.emilioesbardo.com
www.pensierieconfronti.com
www.ilnuovoberlinese.com

Prima edizione: 2002 (Morlacchi Editore, Italia)
Seconda edizione: 2015 (Lulu Editore, USA)
Terza edizione: 2016 (CreateSpace Editore, USA)
Quarta edizione: 2020 (Pensieri&Confronti Editore, Germania)

Immagine di copertina: Fontana Maggiore (© Emilio Esbardo).
Immagine di quarta di copertina: Corso Vannucci (© Emilio Esbardo).

Erste Auflage: 2002 (Morlacchi Verlag, Italien)
Zweite Auflage: 2015 (Lulu Verlag, USA)
Dritte Auflage: 2016 (CreateSpace Verlag, USA)
Vierte Auflage: 2020 (Pensieri&Confronti Verlag, Deutschland)

Auf dem Coverfoto: Fontana Maggiore (© Emilio Esbardo).
Foto auf der vierten Umschlagseite: Corso Vannucci (© Emilio Esbardo).

sommario - inhalt

perugia tra immagini e parole

perugia zwischen bildern und worten

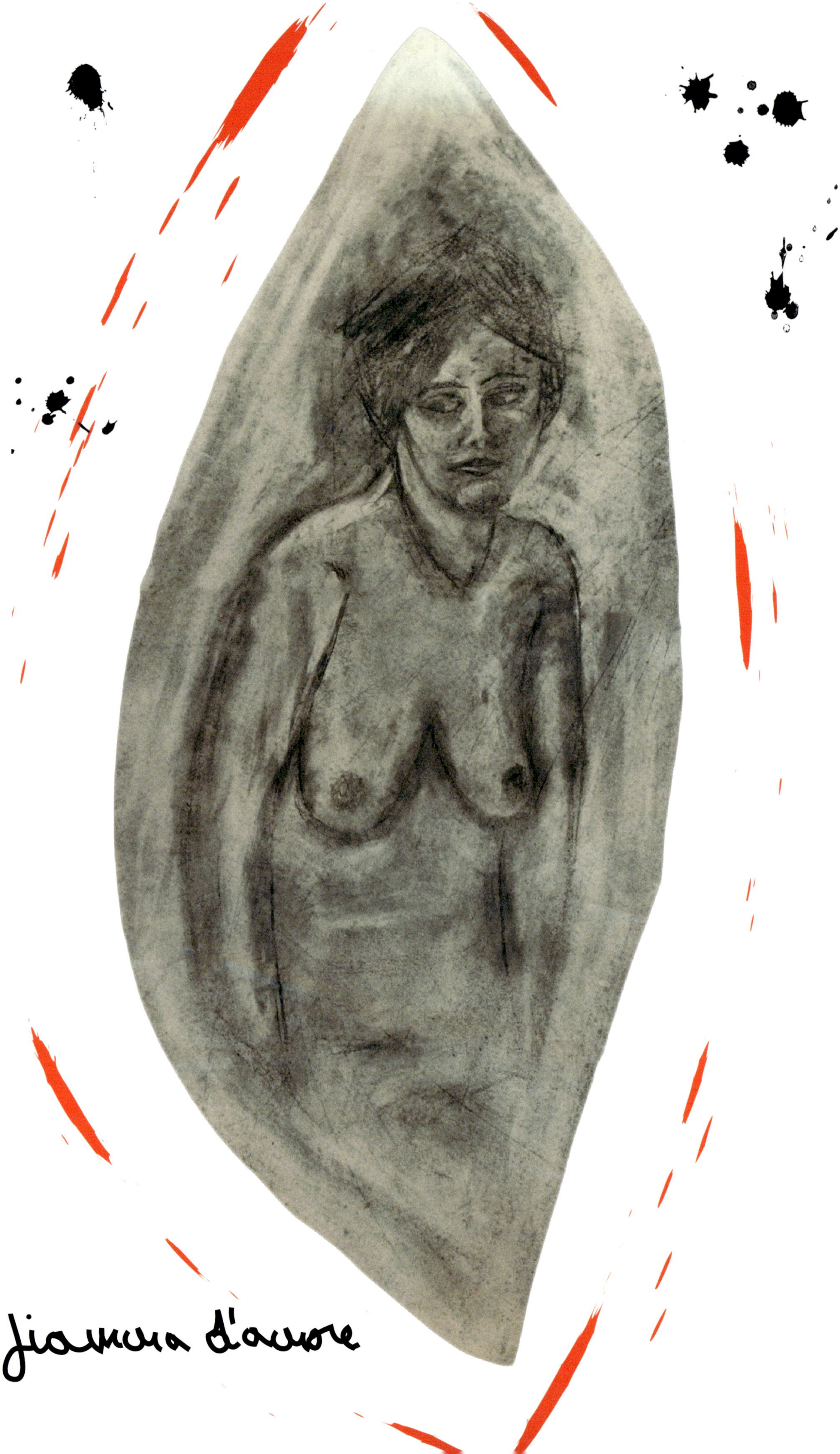
fiamma d'amore

Ricordi

Erinnerungen

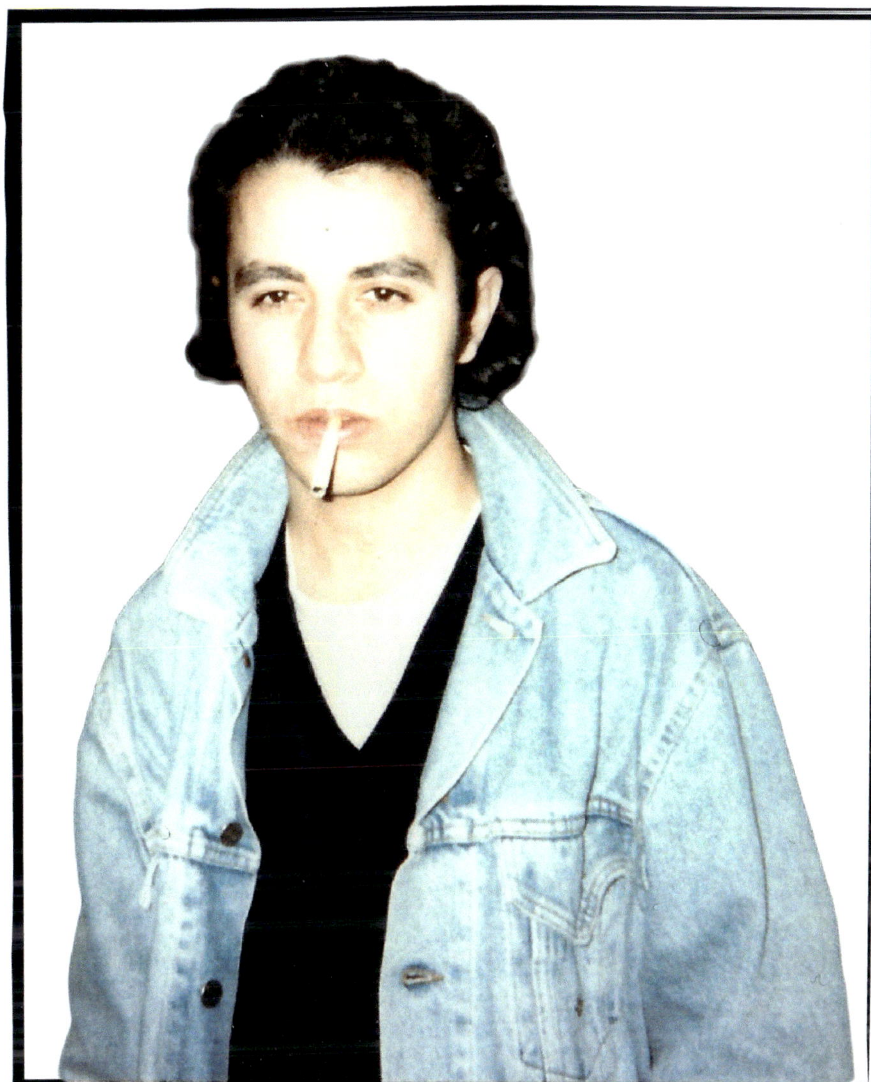

Perugia... da studente con capelli lunghi... le foto analogiche... i negativi... i miei disegni... le lettere delle ragazze... i primi libri, che ho scritto con il computer ed ho salvato su Floppy disk... zona Monteluce, dove ho vissuto, e Caffè Morlacchi, il mio "quartiere generale"... Allora nacque la mia passione per lo scrivere, dalla quale non riuscii piu' ad allontanarmi...

Perugia... Ich als Student... langes Haar... analoge Fotos... Negative... Meine Zeichnungen... Briefe von Mädchen... Die ersten Bücher, die ich mit dem Computer schrieb und auf Disketten speicherte... Bezirk Monteluce, wo ich lebte, und Caffè Morlacchi, mein »Hauptquartier«... Damals wurde ich schreibsüchtig und konnte mich nicht mehr davon entgiften...

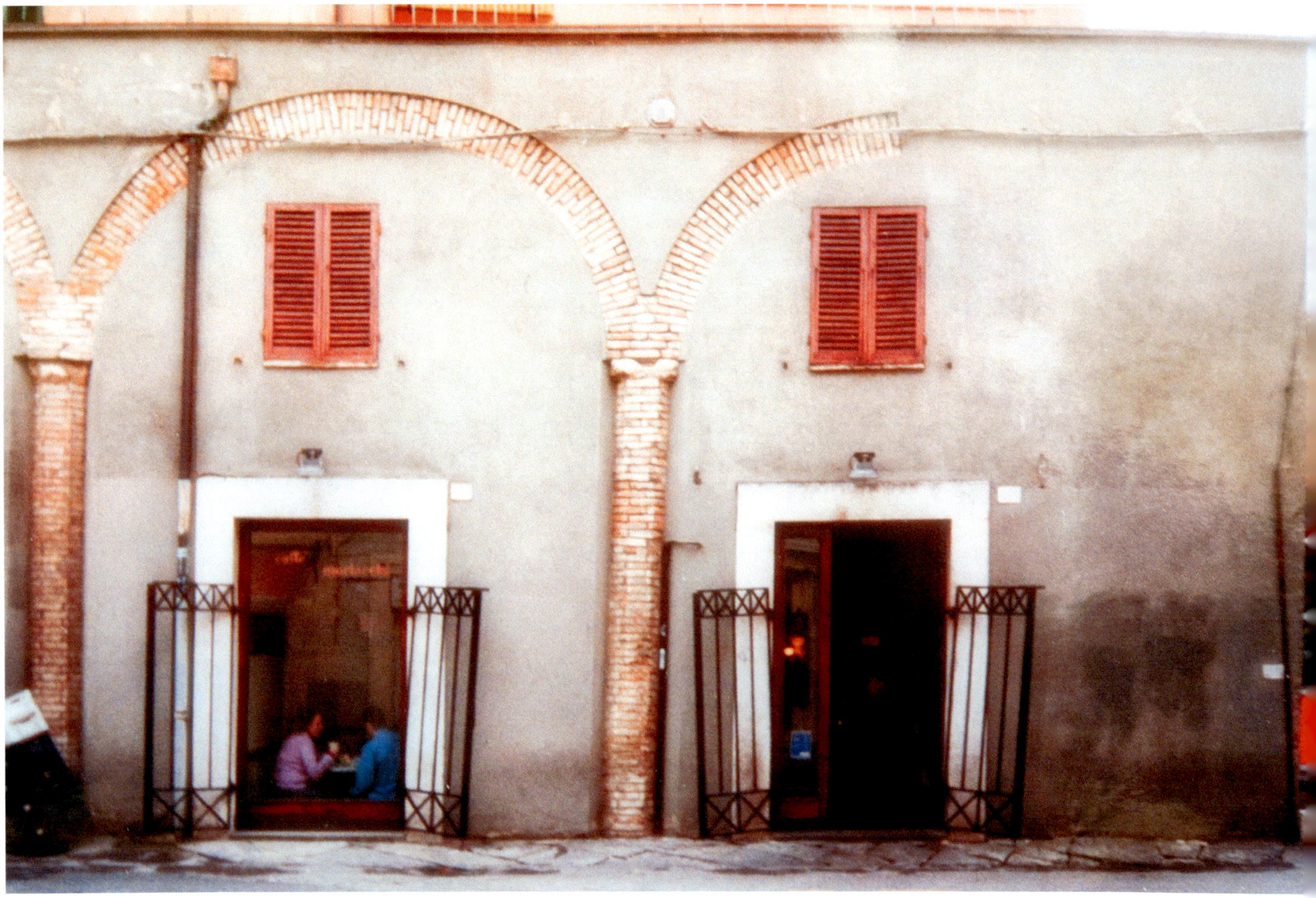

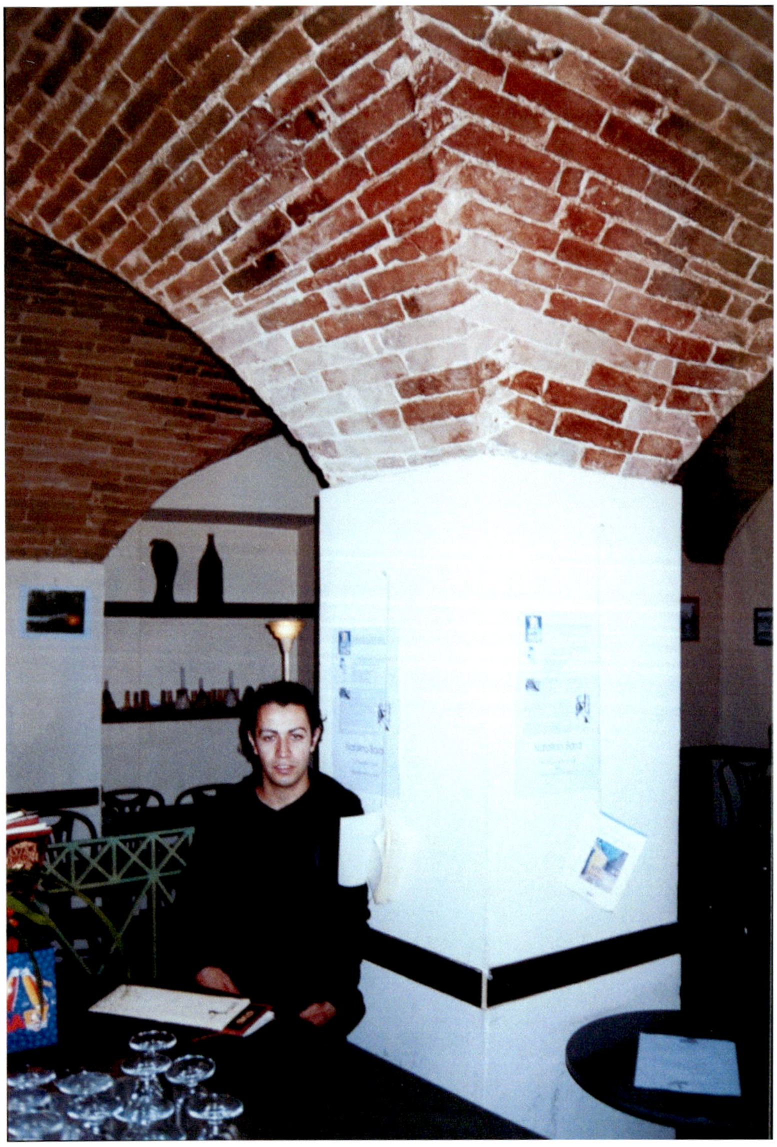

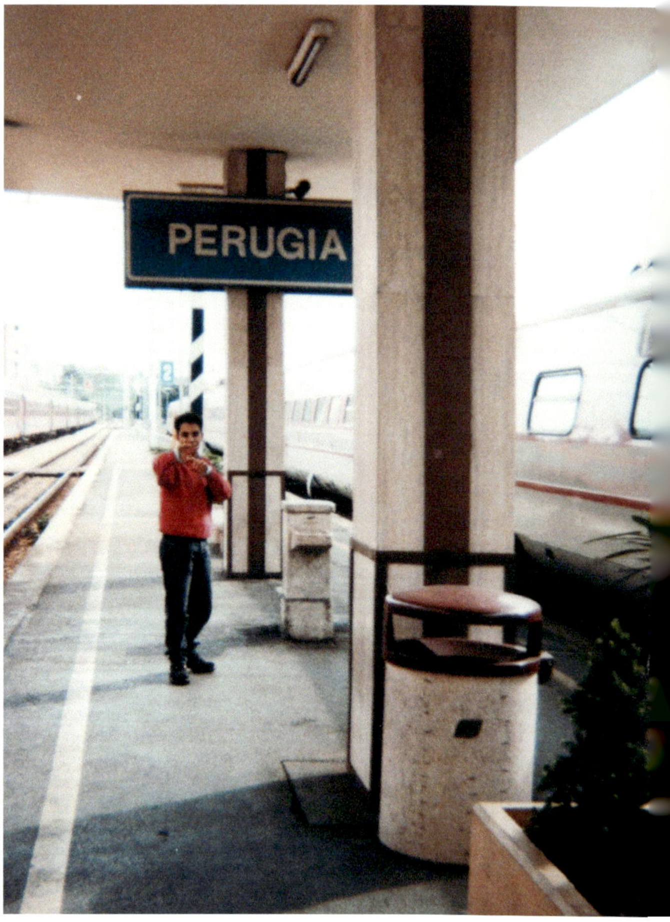

Sulle foto: Caffè Morlacchi. Stazione. Floppy Disk. Negativo. Prima edizione di *Racconti sotto le stelle*.

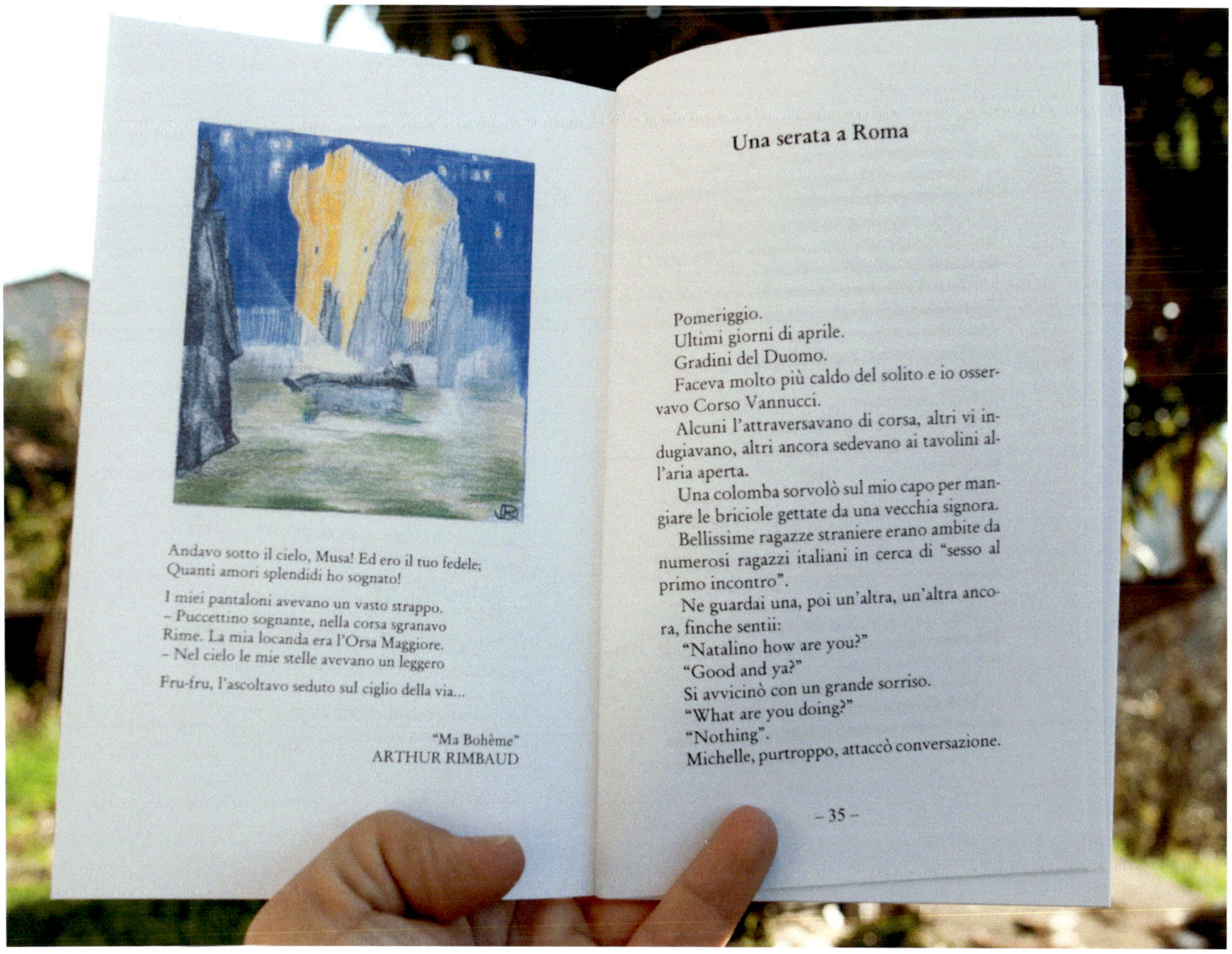

Auf den Fotos: das Caffè Morlacchi, Hauptbahnhof, Disketten, Negativen die erste Ausgabe von *Racconti sotto le stelle*.

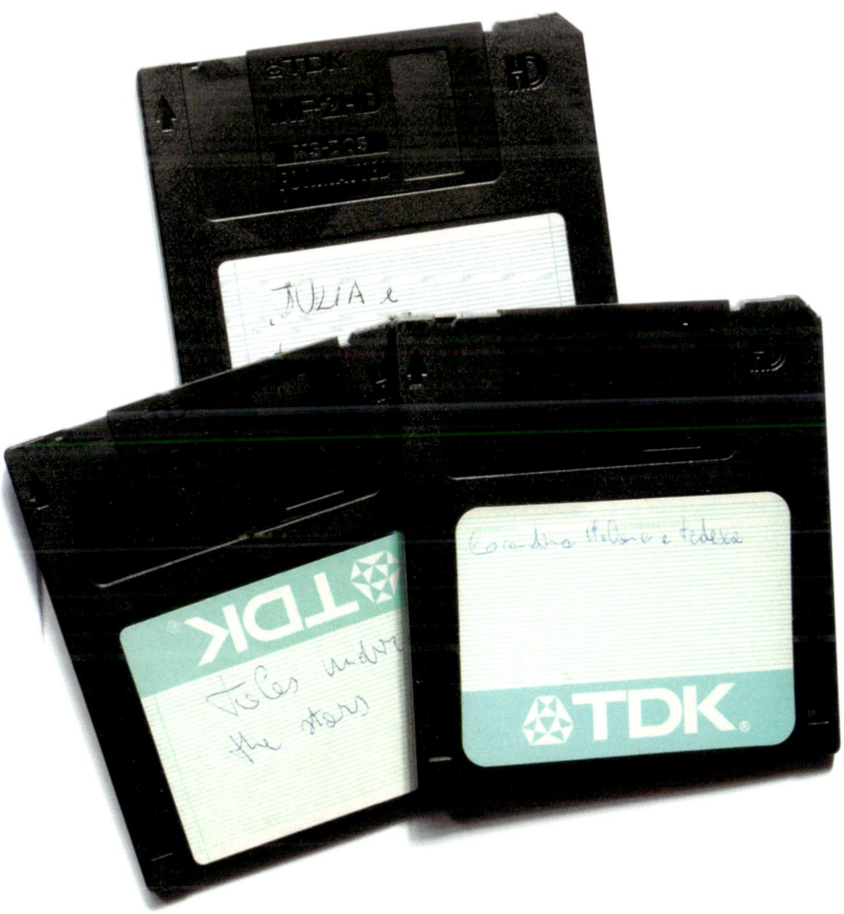

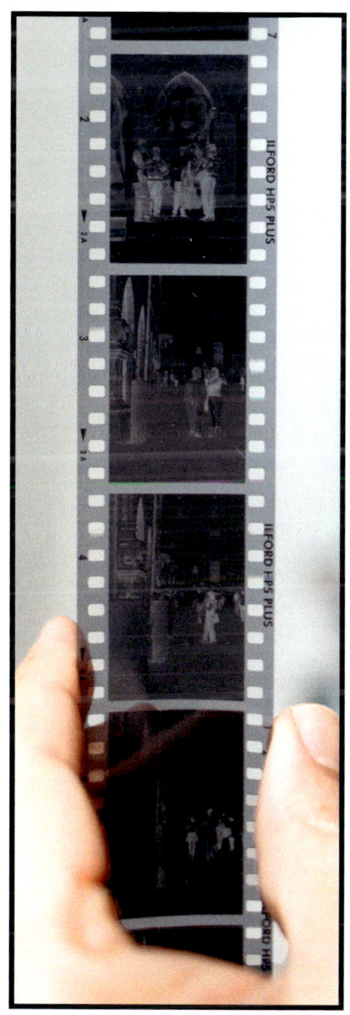

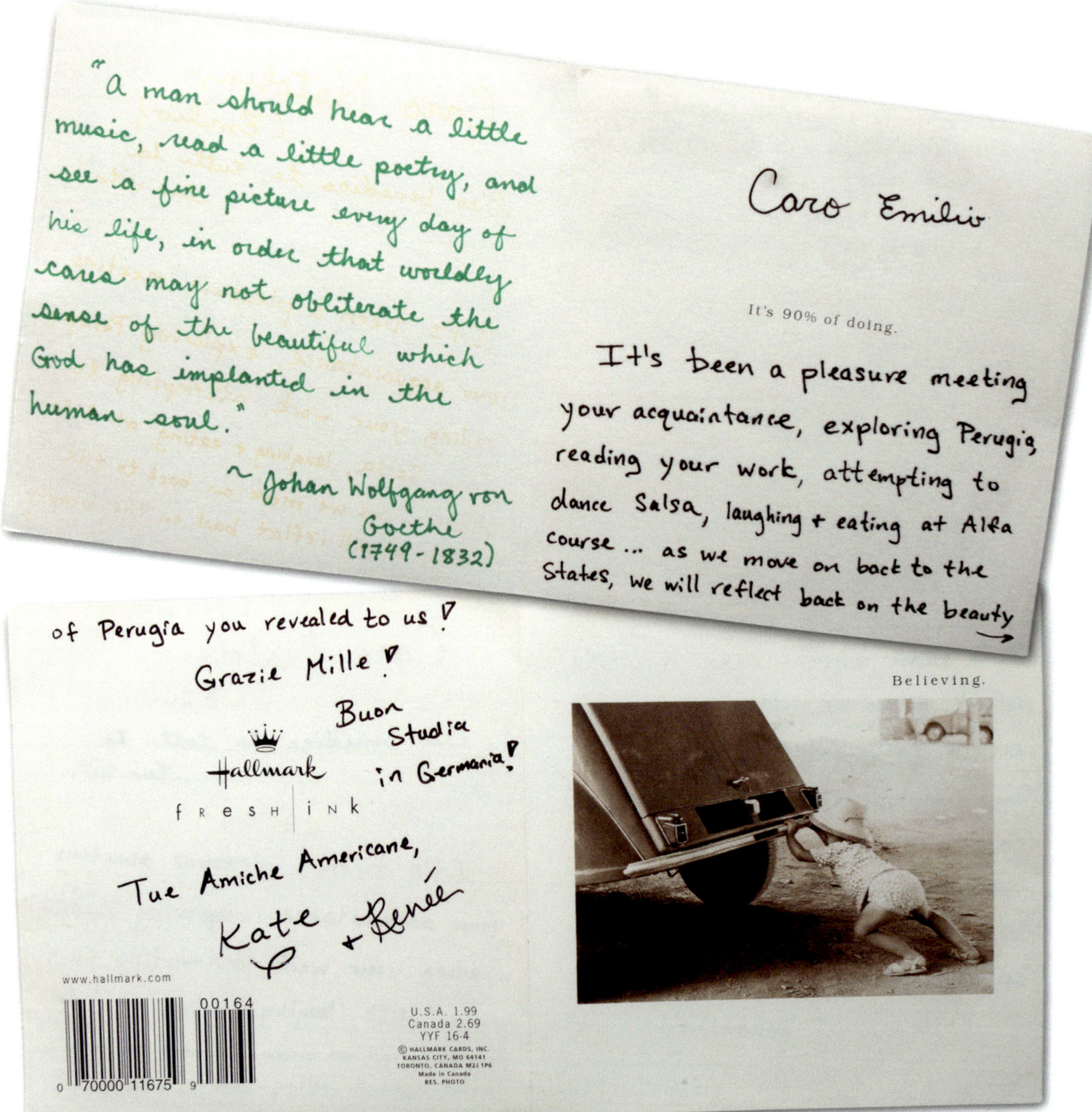

"A man should hear a little music, read a little poetry, and see a fine picture every day of his life, in order that worldly cares may not obliterate the sense of the beautiful which God has implanted in the human soul."

~ Johan Wolfgang von Goethe (1749-1832)

Caro Emilio

It's 90% of doing.

It's been a pleasure meeting your acquaintance, exploring Perugia, reading your work, attempting to dance Salsa, laughing + eating at Alfa course... as we move on back to the States, we will reflect back on the beauty of Perugia you revealed to us!

Grazie Mille!

Buon Studia in Germania!

Tue Amiche Americane,

Kate + Renée

Believing.

Hallmark

FRESH INK

www.hallmark.com

00164

0 70000 11675 9

U.S.A. 1.99
Canada 2.69
YYF 16-4

© HALLMARK CARDS, INC.
KANSAS CITY, MO 64141
TORONTO, CANADA M2J 1P6
Made in Canada
RES. PHOTO

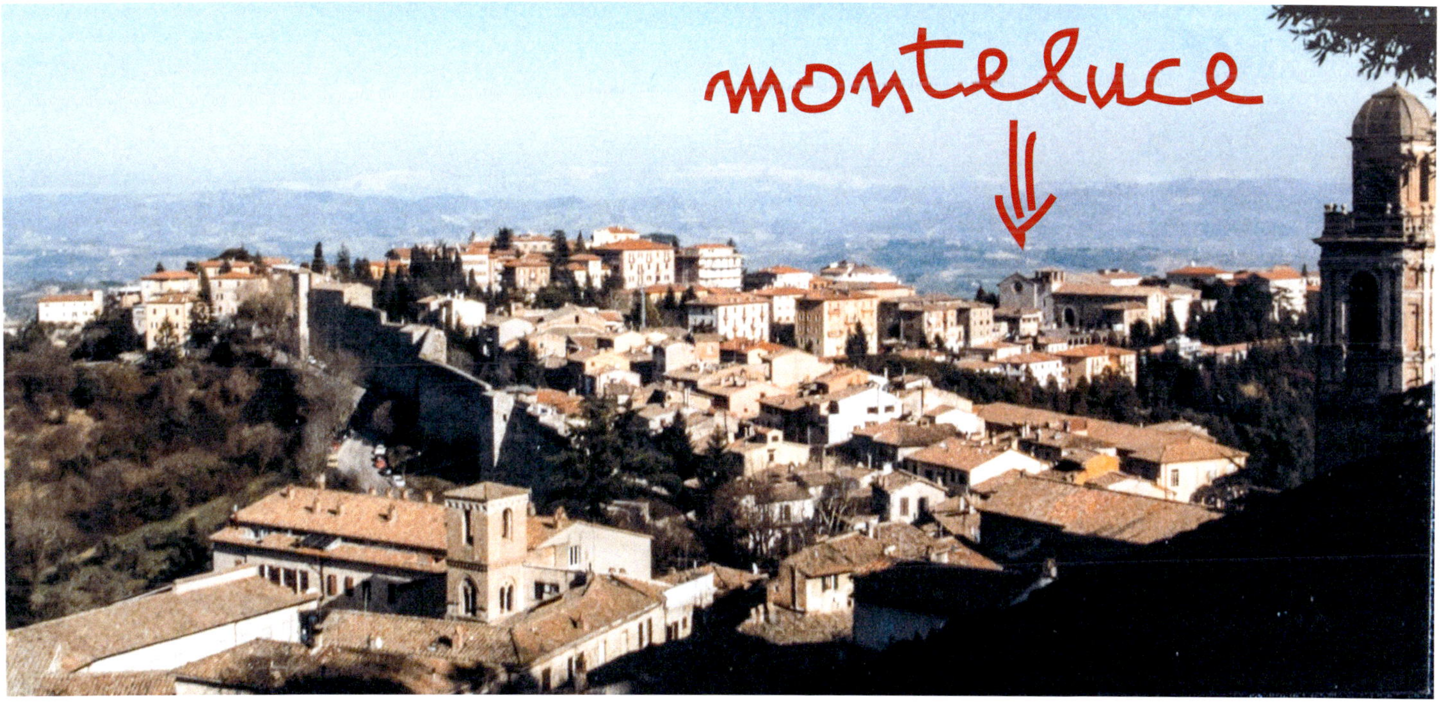

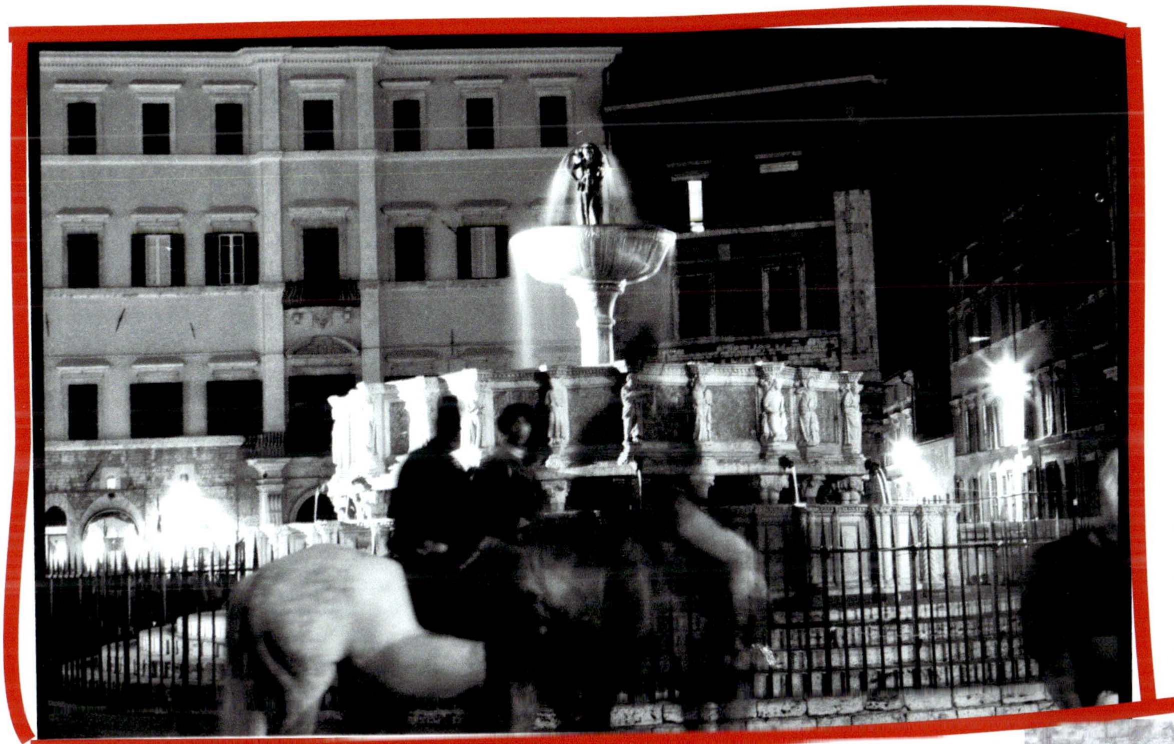

Sulle foto:
Monteluce,
lettere,
negativi e
immagini di
quotidianeta'

Auf den Fotos:
Monteluce,
Briefe,
Negative und
Bilder vom
Alltag

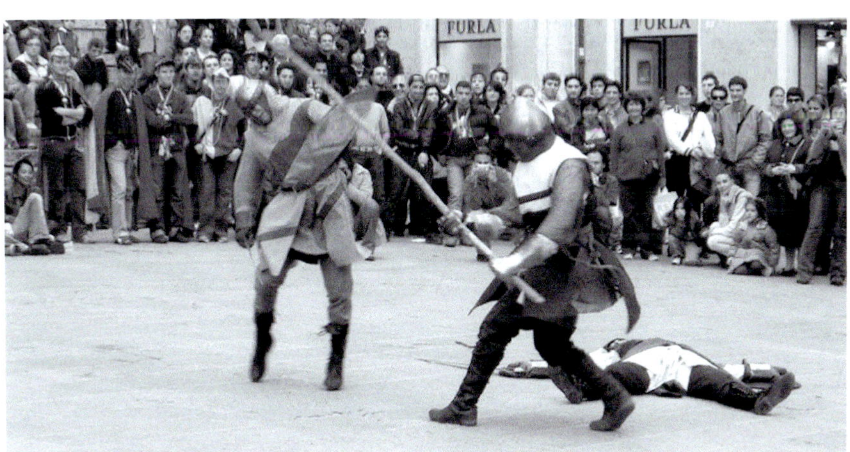

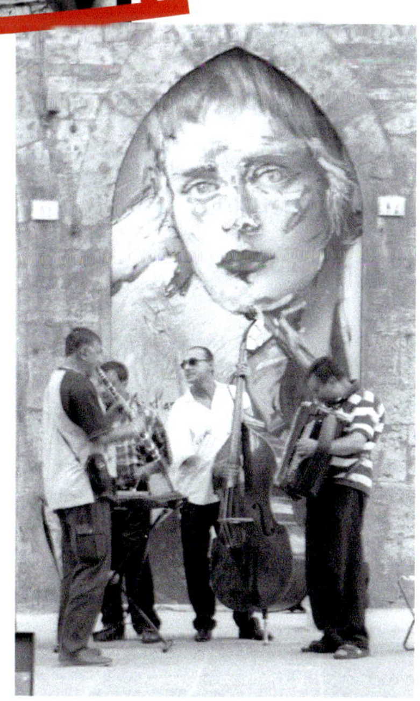

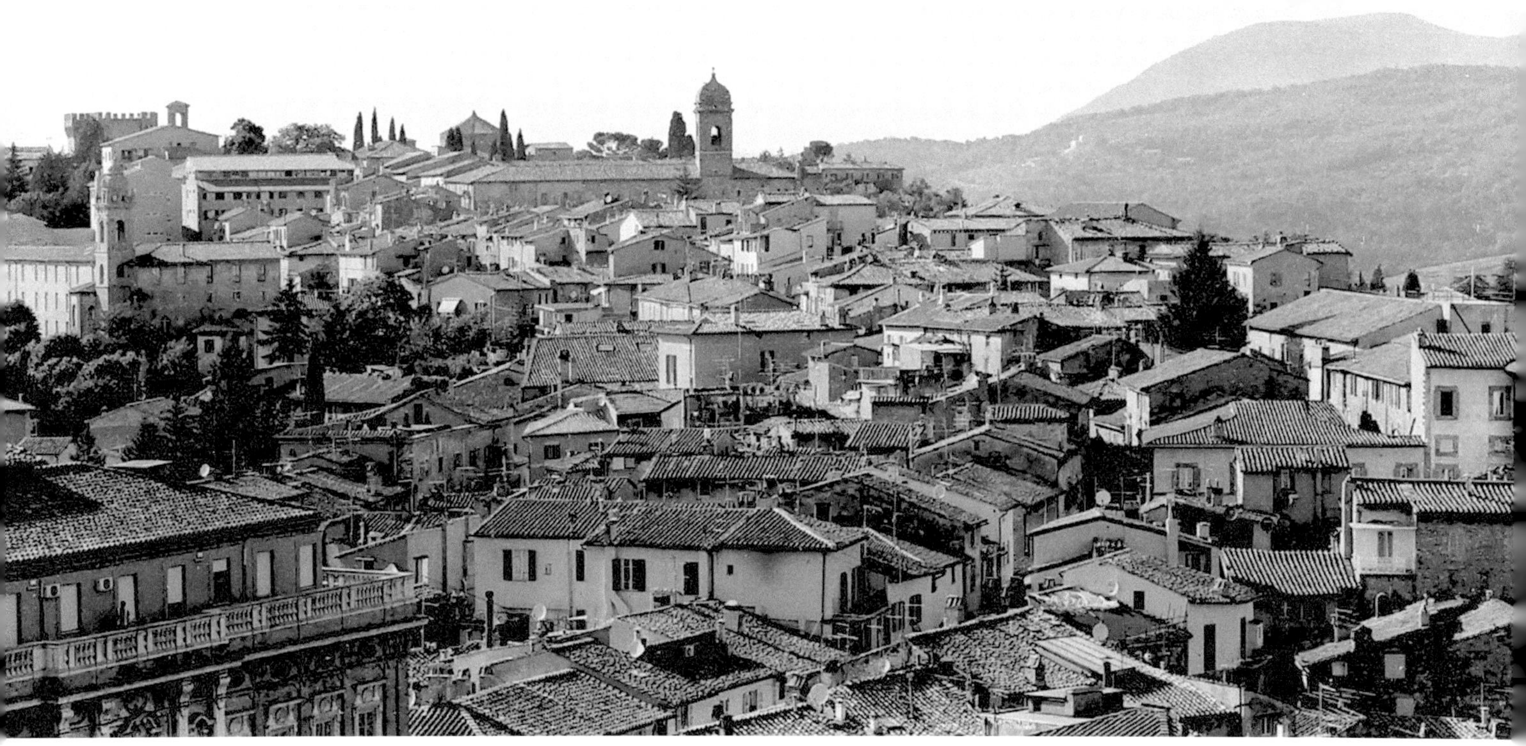
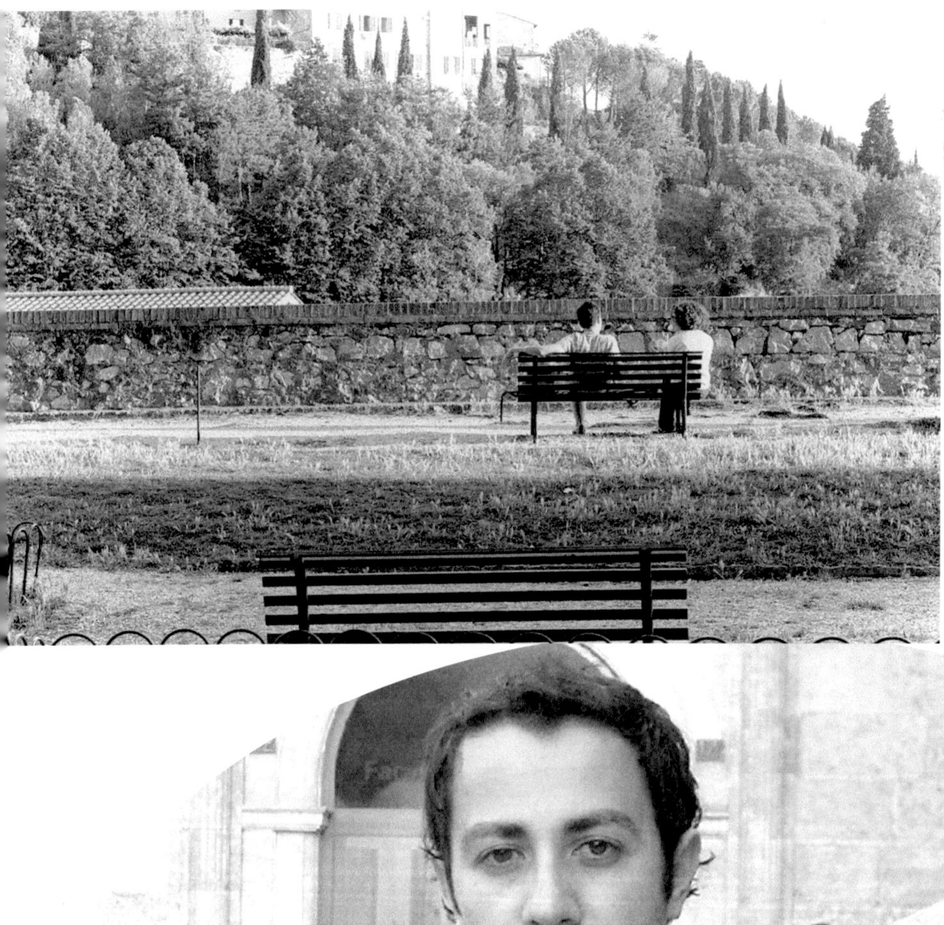
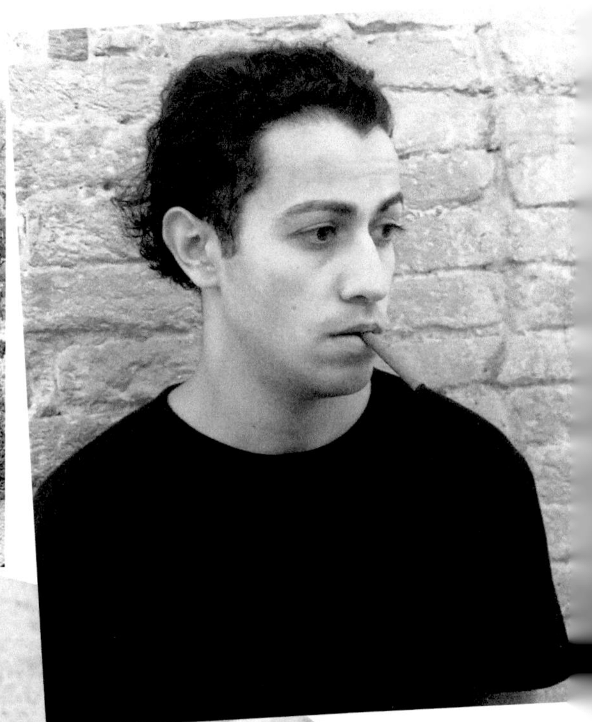
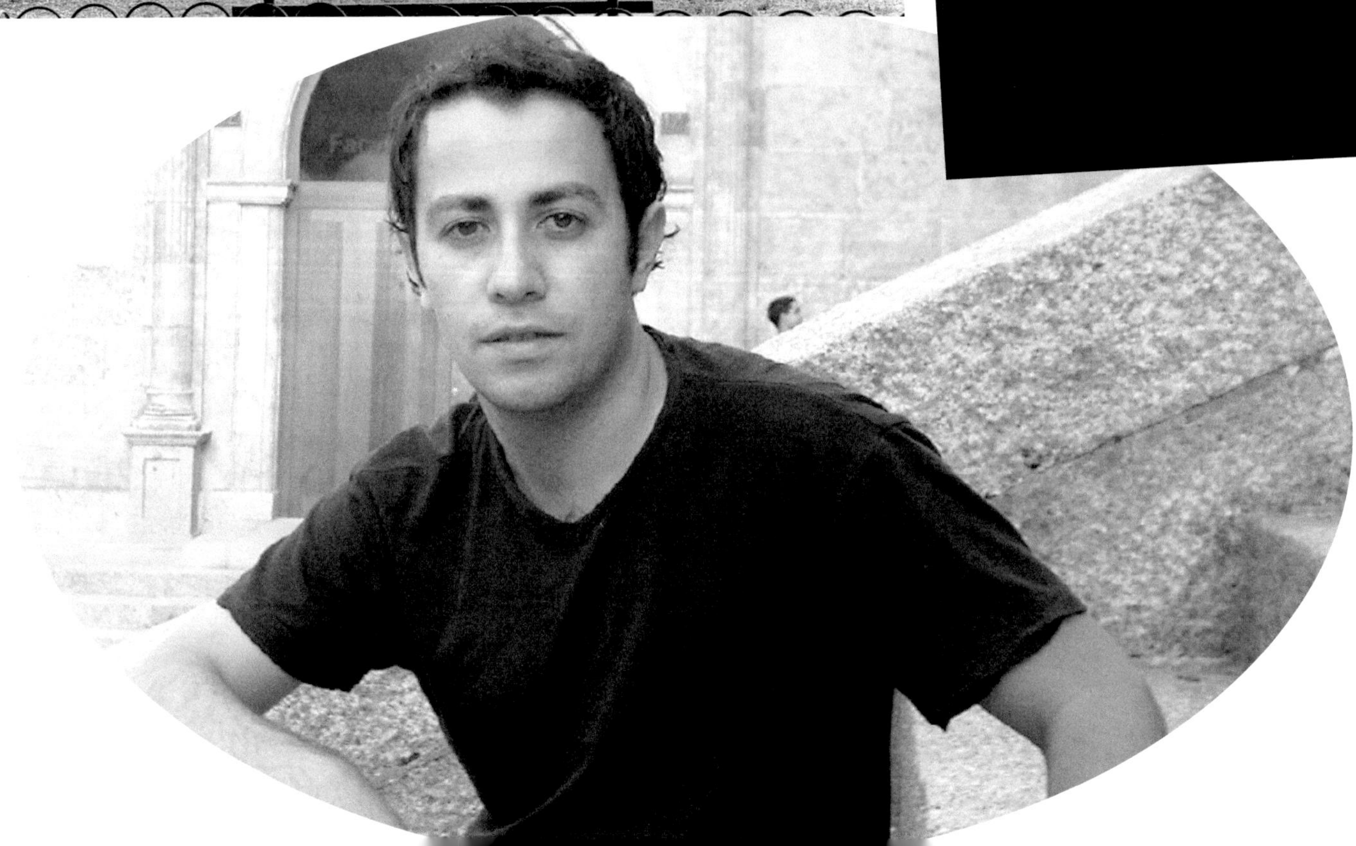

parliamo di me

è giunto il momento che parli di me.
ho vissuto così intensamente finora
da poter scrivere numerosi romanzi,
basandomi sulle proprie esperienze.
capisco di come sia fortunato.
cosa mi manca?
sono libero, padrone di me stesso e del mio mondo.
ogni giorno faccio l'amore con la vita stessa.
ne sono il suo amante perfetto.
essa non mi trascura, mi vizia con tutti i suoi frutti più deliziosi.
giovanotto del sud, sanguigno, gioioso,
capace di commettere le azioni più impensate e irriflessive.
ho attraversato l'italia e l'europa con ossessiva metodicità.
tra le grandi città, i paesini, la campagna,
la montagna, il mare.
di giorno e di notte, al caldo e al freddo.
ma è stato qui, nel capoluogo umbro,
che ho trovato il mio »luogo ideale« e la fonte di ispirazione a scrivere.
vi è questa bellissima sensazione a perugia, quando siedi su una panchina insieme ad una attraente ragazza e il bel panorama aperto al tuo sguardo curioso.
i tuoi desideri sovrastano la città medievale: desiderio di avventura,
desiderio di follia, desiderio di vita.
ecco un assaggio:

»il tramonto; gli alberi accanto ad una torre che sembrano toccano il cielo in tempesta;

sprechen wir von mir

es ist die zeit gekommen von mir zu sprechen.
ich habe bis jetzt so intensiv gelebt, dass ich unzählige romane schreiben könnte,
die sich auf meine eigenen erfahrungen stützen.
ich kann mich glücklich schätzen.
was fehlt mir?
ich bin frei, mein eigner herr in meiner welt.
ich liebe »die liebe« jeden tag aufs neue.
ich bin »ihr« perfekter geliebter.
»sie« verlässt mich nicht, verwöhnt mich mit all' ihren köstlichsten früchten.
jüngling aus dem süden,
temperamentvoll, fröhlich, fähig spontan und unüberlegt zu handeln.
ich habe italien und europa mit methodischer obsession durchquert.
von den großen städten über dörfer,
felder, gebirge bis zum meer.
des tages und des nachts, bei wärme und kälte.
und doch war es hier, in der hauptstadt umbriens, wo ich meinen »idealen ort« und die quelle der inspiration gefunden habe.
es ist wunderschön hier in perugia, wenn du auf einer bank sitzt - gemeinsam mit einem attraktiven mädchen - und sich das schöne panorama deinem neugierigen blick öffnet.
deine wünsche erheben sich über die mittelalterliche stadt: wunsch nach abenteuer, wunsch nach verrücktheit,
wunsch nach leben.
hier eine kostprobe:

»der sonnenuntergang; die bäume neben einem turm, der den stürmischen himmel zu berühren scheint;

strade circondate da pini; una luna splendente su edifici bellissimi; trascinarsi nei vicoli alle tre-quattro del mattino; giungere in qualche pasticceria ad annusare attraverso le finestre aperte il profumo del pane appena sfornato; osservare i primi raggi del sole riflettersi sul getto d'acqua della fontana; un pezzo d'alba illuminare un vecchio campanile e… «

bum!!!

la bellezza e la verità e il significato della vita di fronte a te, ai tuoi occhi; e il contenuto e la forma dei miei libri si originano.

pinien-alleen; der mondschein auf den wunderschönen gebäuden; durch die gassen schleichen um drei, vier uhr morgens; vorübergehen an einigen bäckereien, um an den geöffneten fenstern den duft des frischgebackenen brotes einzuatmen; die ersten sonnenstrahlen beobachten und ihre reflexe im wasser der *fontana maggiore*[1]; ein teil des sonnenaufgangs erhellt einen alten glockenturm und… «

boom!!!

die schönheit, die wahrheit, die bedeutung des lebens vor dir, vor deinen augen; und der inhalt, die formen meiner bücher kommen ans licht.

1 Der springbrunnen *fontana maggiore*

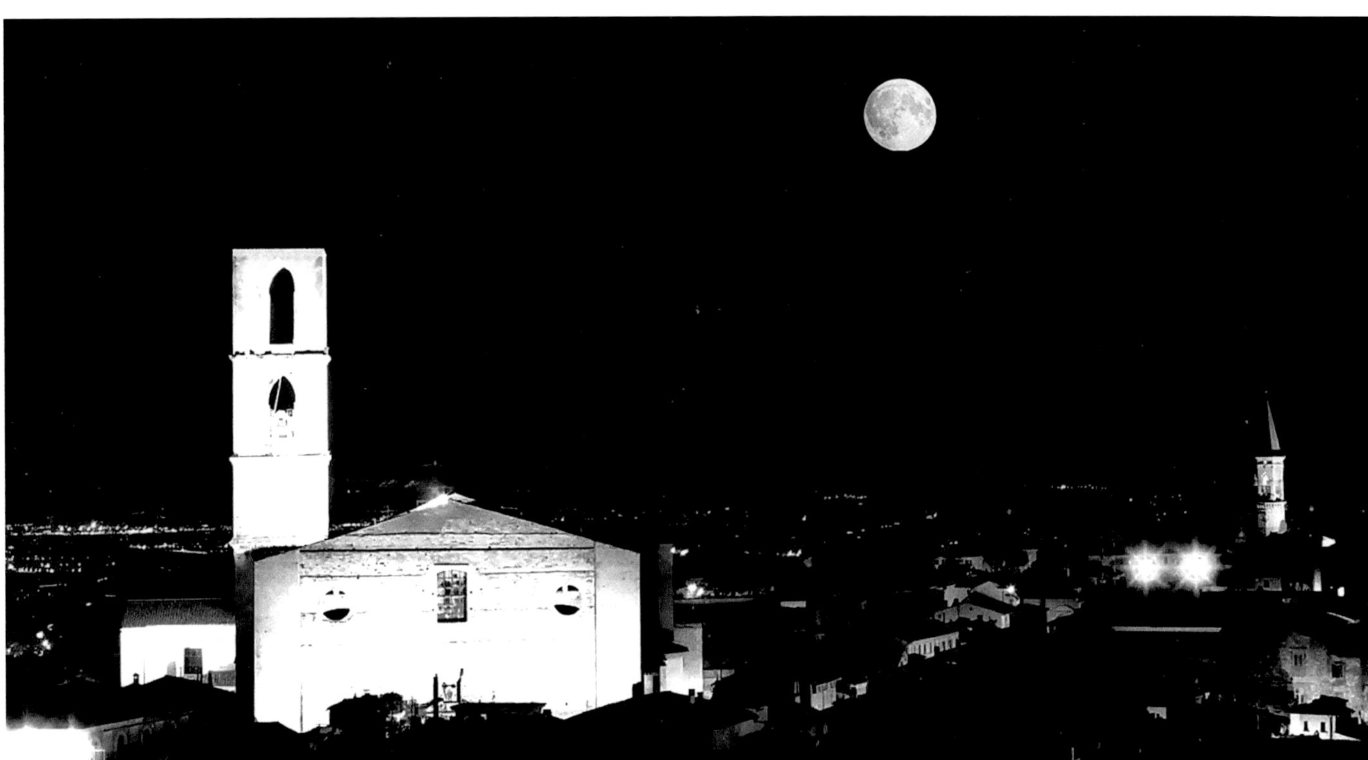

foto

bilder

porta dei gigli

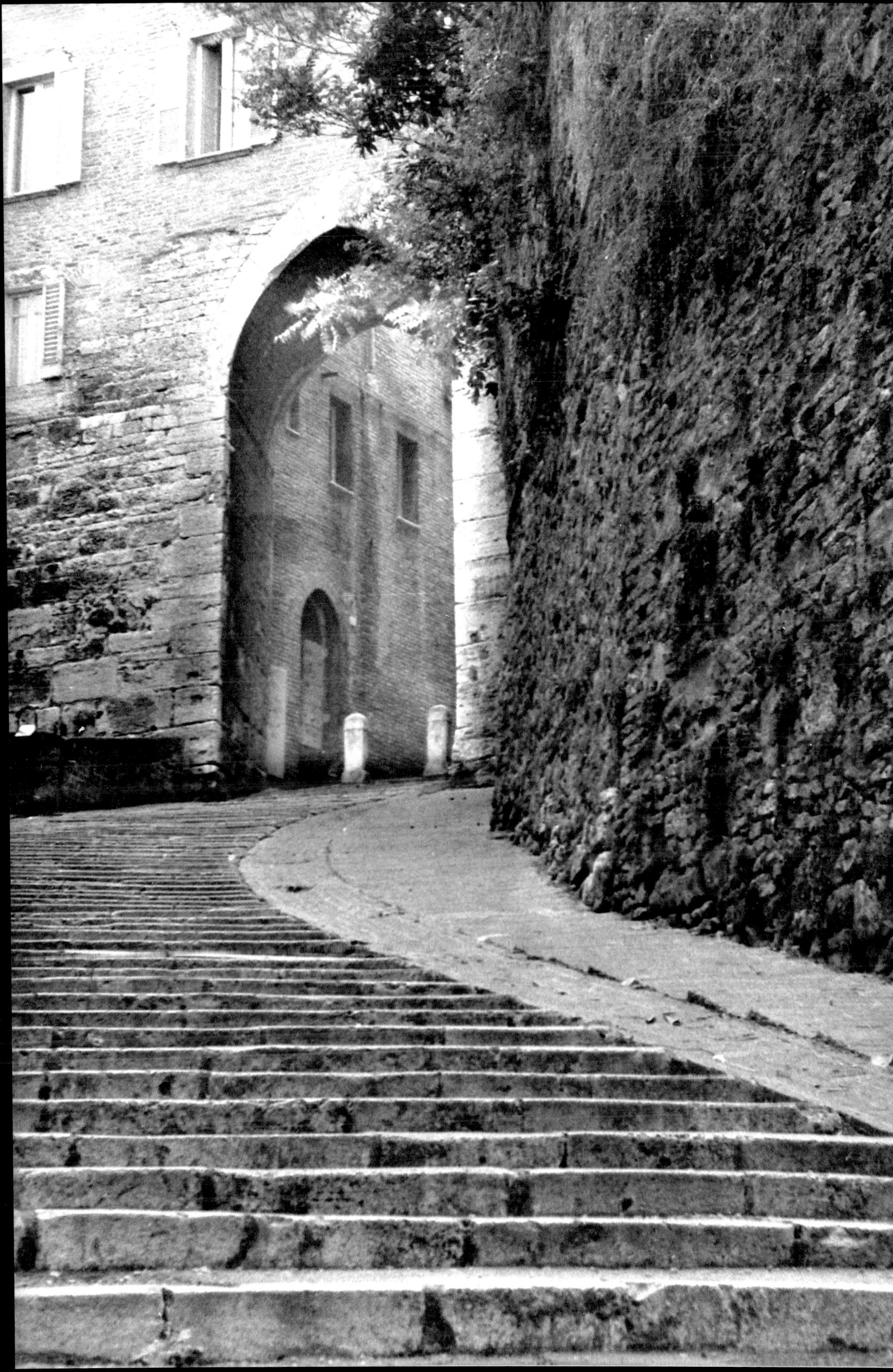

4 novembre 2001

Era una di quelle giornate soleggiate, che ti invogliano a passeggiare. Esco dal mio monolocale in Corso Garibaldi (questa è una delle vie più affascinanti di Perugia con le sue case colorate, che in alcuni tratti ti danno l'impressione di essere nei vicoli di Napoli ed è di passaggio in estate per moltissimi studenti, che si dirigono al Tempio di S.Angelo, per prendere il sole, leggere libri, fumare, bere vino e lasciare i cani liberi di godere del bel tempo) e giungo di fronte all'Università per Stranieri, sita nel bel Palazzo Gallenga e oltrepasso l'Arco Etrusco per arrivare in Corso Vannucci fino Piazza della Repubblica, per osservare il magnifico panorama, che si presta ai miei occhi.

4. november 2001

Es war einer dieser sonnigen Tage, die in dir die Lust wecken, spazieren zu gehen. Ich verlasse meine Einzimmerwohnung im Corso Garibaldi (er ist einer der faszinierendsten Straßen Perugias mit den bunten Häusern, die an einigen Stellen den Eindruck erwecken, in den Gassen Neapels zu sein, und im Sommer gehen hier viele Studenten spazieren, die dann in Richtung Tempio di S. Angelo gehen, um sich zu sonnen, Bücher zu lesen, zu rauchen, Wein zu trinken und die Hunde freilaufen zu lassen, damit auch sie das schöne Wetter genießen können) und erreiche die Ausländeruniversität, die sich im schönen Palazzo Gallenga befindet und gehe am Arco Etrusco vorbei, um den Corso Vannucci und die Piazza della Repubblica zu erreichen und die wundervolle Aussicht zu bewundern, die sich meinen Augen bietet.

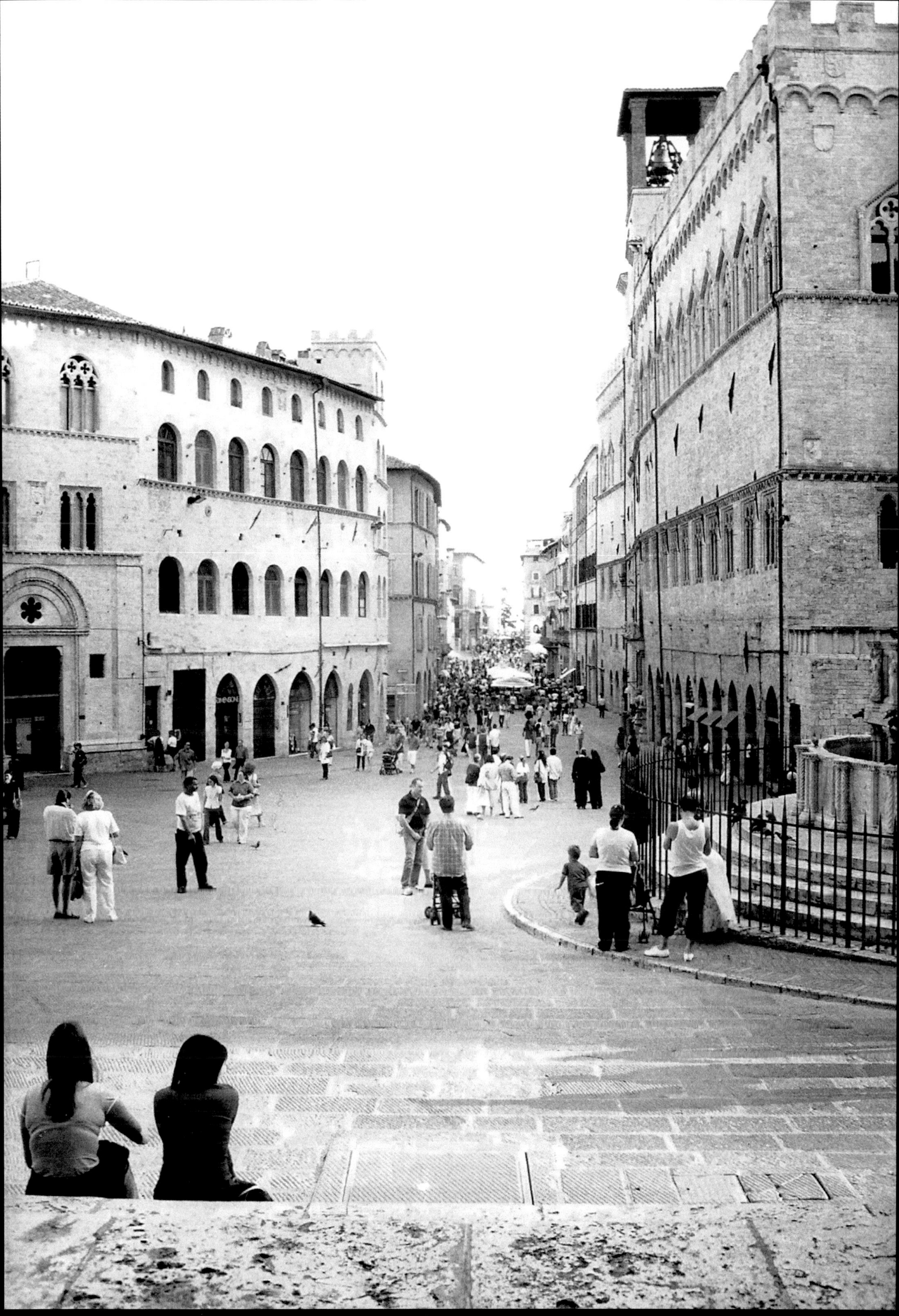

corso vannucci

Attraverso di nuovo Corso Vanucci ma al contrario fino ai gradini della Cattedrale di S.Lorenzo (di fronte ad essa c' è la Fontana Maggiore) e là incontro Julia, seduta, intenta a leggere, parliamo un po' e vado via.
Verso mezzogiorno la incontro nuovamente ai Giardini dell'Università e così intuiamo, di dover consumare i nostri consueti caffè e cappuccino.
Poi ci sediamo ad una panchina e Julia mi fa dono dell'auricolare sinistro del suo walkman, in modo da poter ascoltare la musica insieme e poggia il suo capo sulla mia spalla, con i raggi del sole che ci sbattono contro...

Ich gehe wieder über den Corso Vanucci, aber diesmal bis zu den Treppen der Cattedrale di S. Lorenzo (gegenüber befindet sich die Fontana Maggiore) und dort treffe ich Julia, die auf dem Boden sitzt und ein Buch liest. Wir unterhalten uns ein wenig, und danach gehe ich weiter.
Gegen Mittag treffe ich sie erneut in den Gärten der Universität und so verstehen wir, dass wir unseren üblichen Kaffe bzw. Cappuccino trinken müssen.
Danach setzten wir uns auf eine Bank, und Julia gibt mir den linken Kopfhörer ihres Walkman, damit wir gemeinsam Musik hören können, und sie lehnt ihren Kopf an meine Schulter, unter Sonnenstrahlen, die uns entgegen scheinen...

fontana maggiore

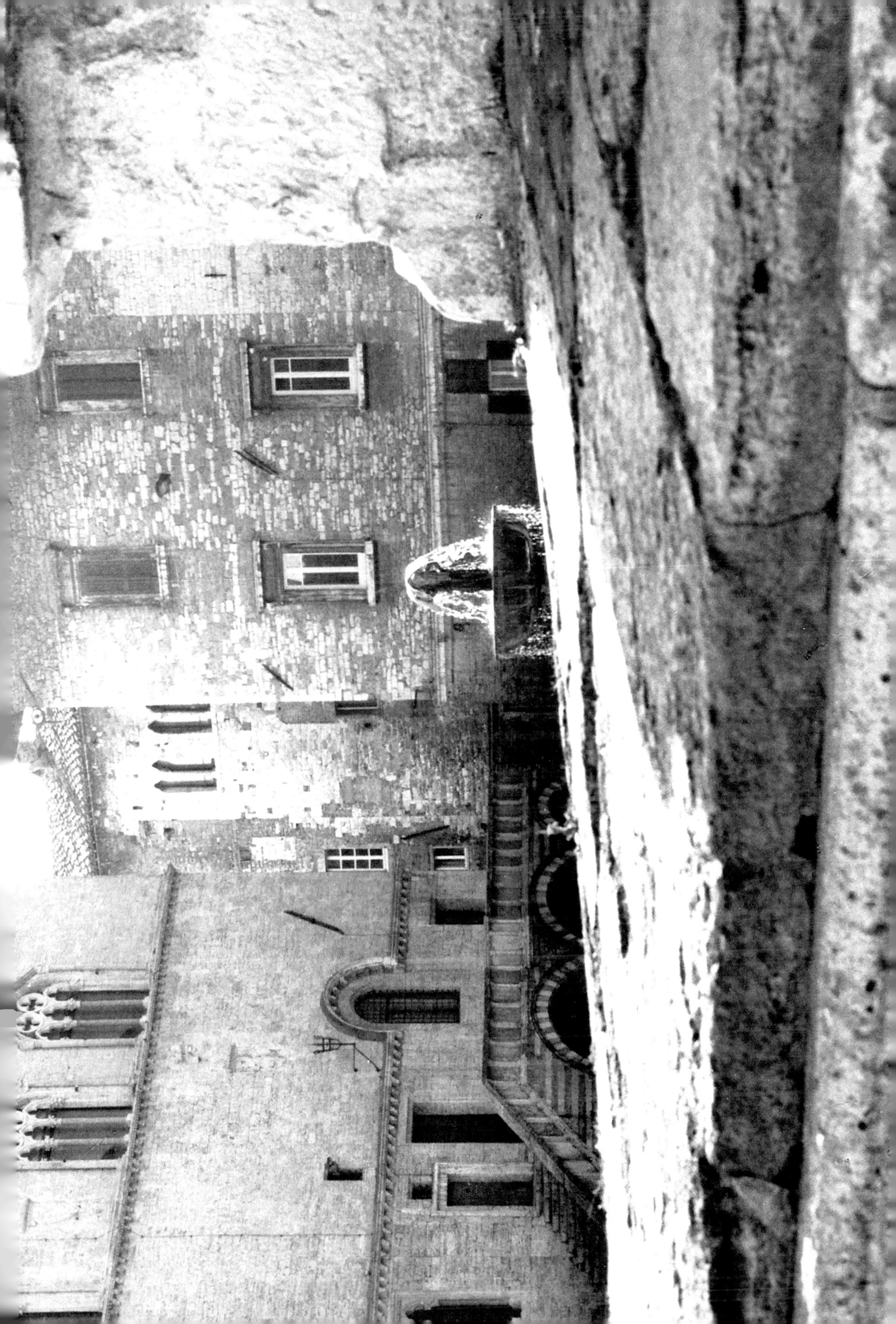

gatti

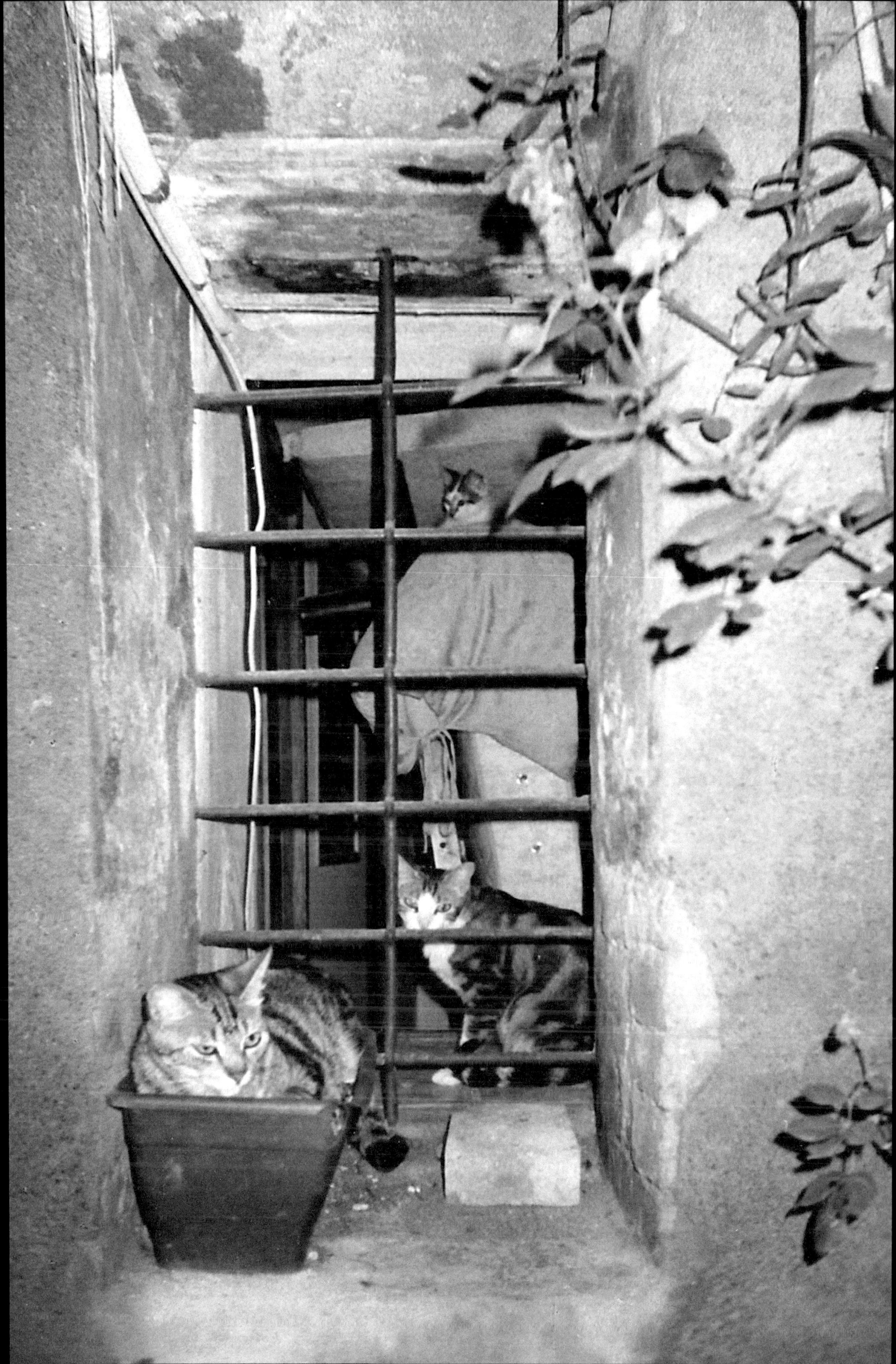

via della viola

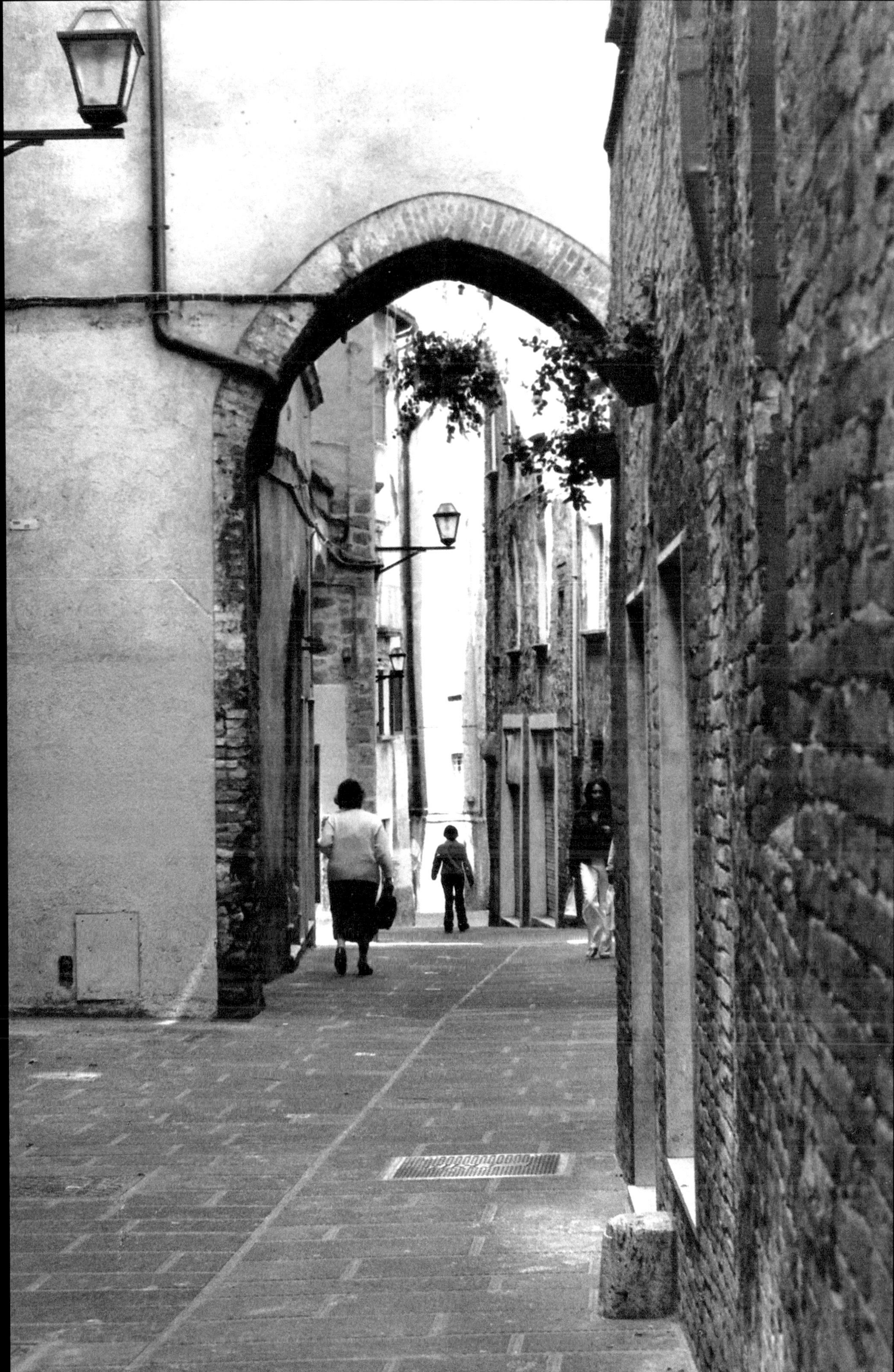

colombe

via baciadonne

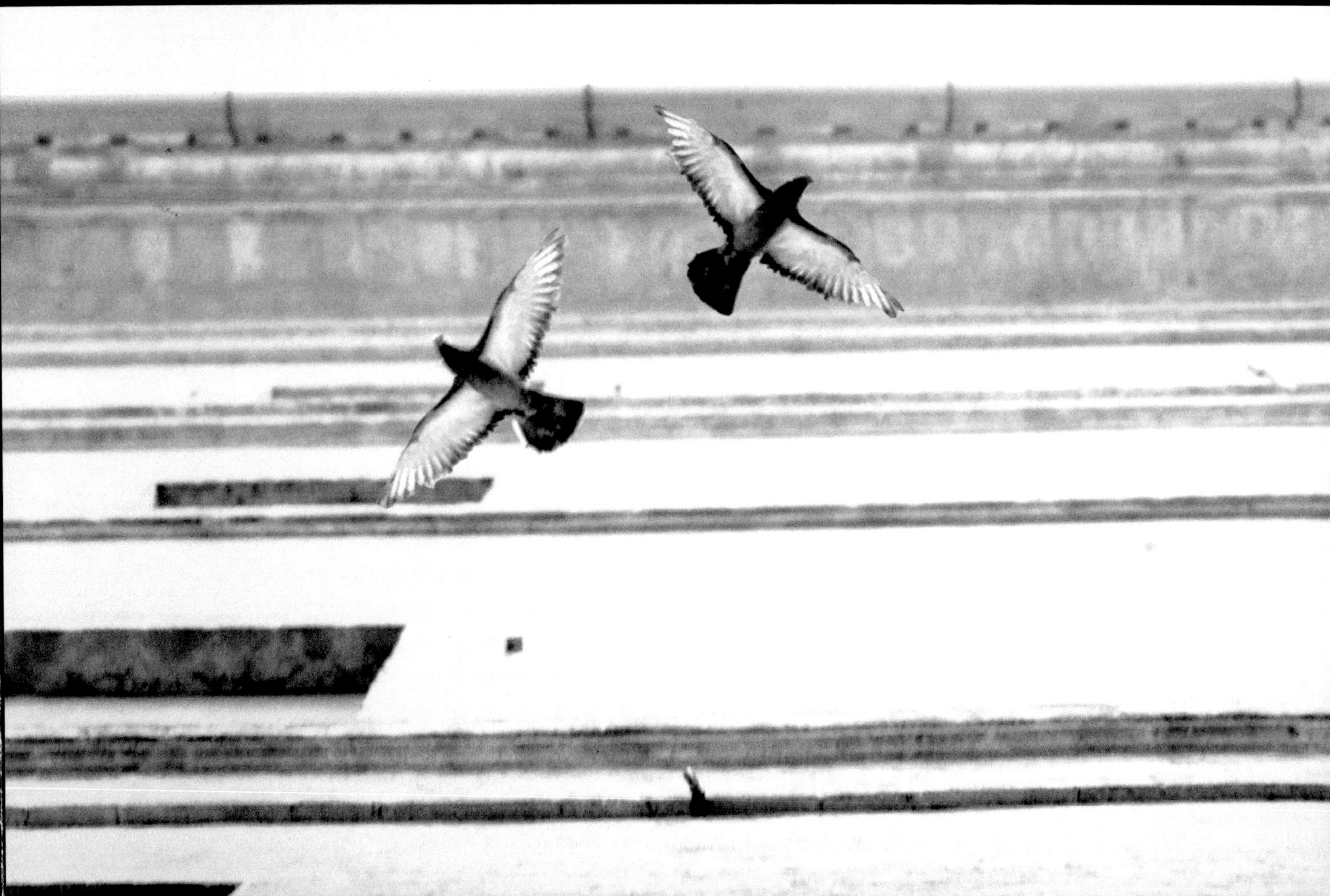

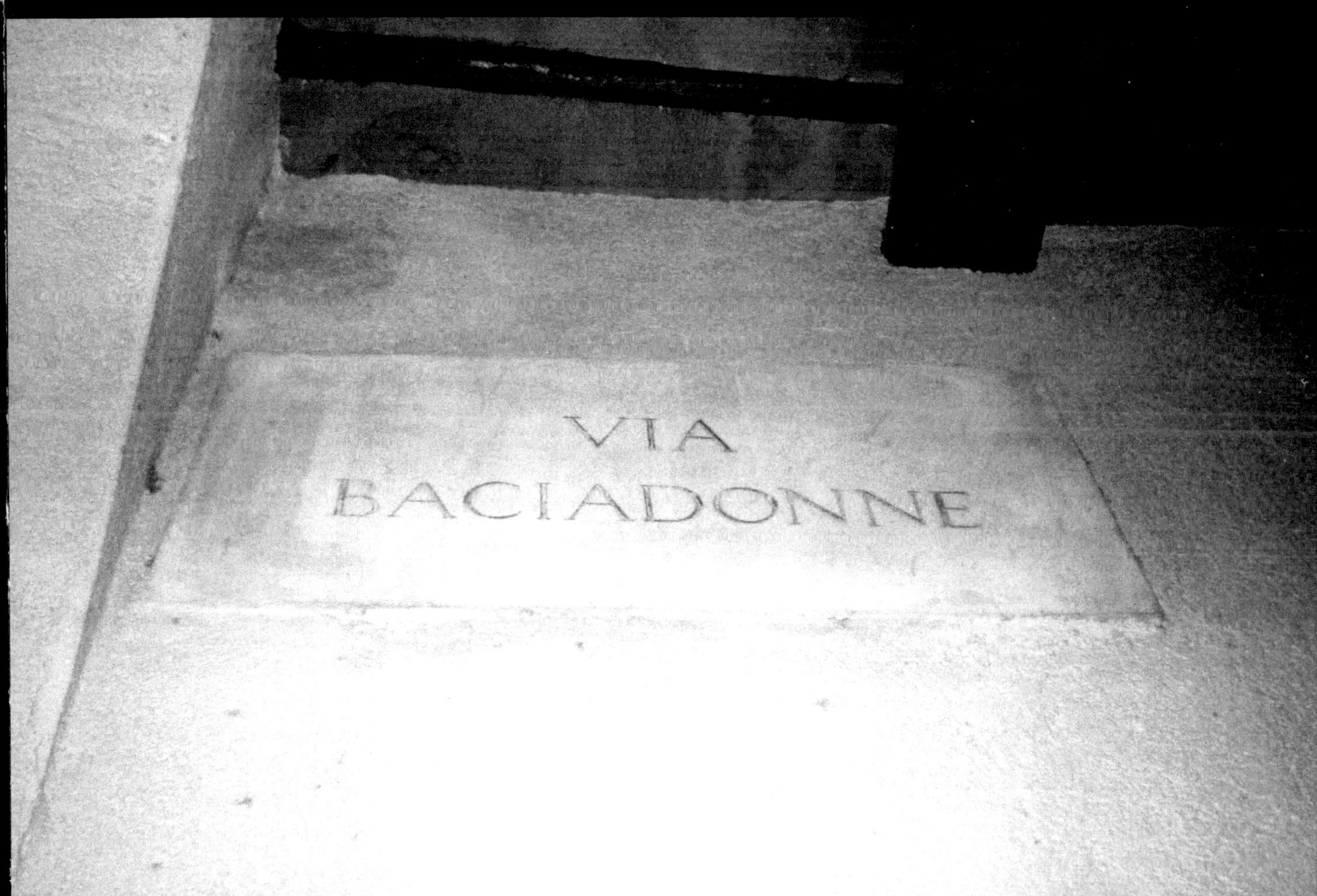
VIA
BACIADONNE

via della loggia

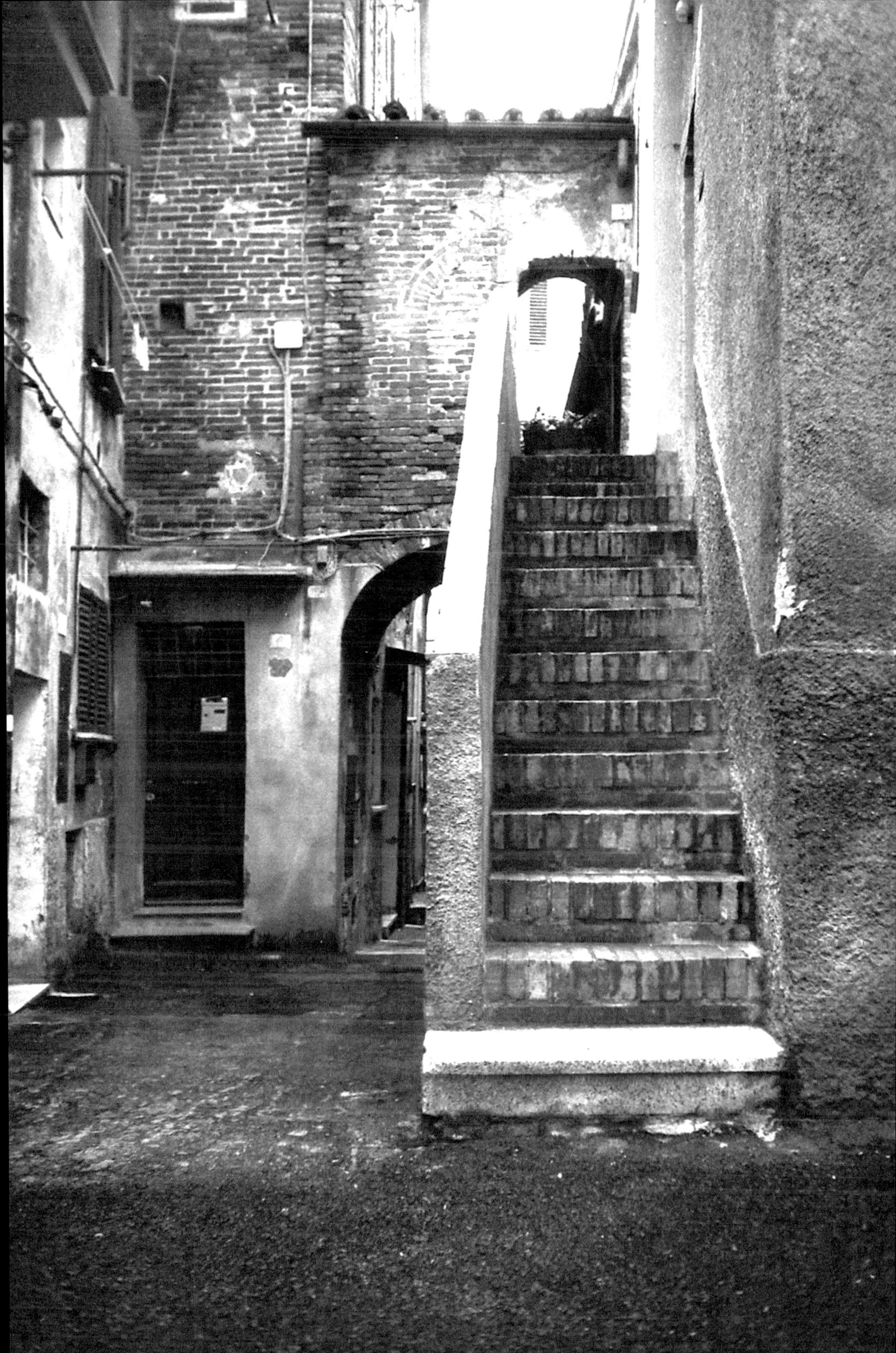

arco di via appia

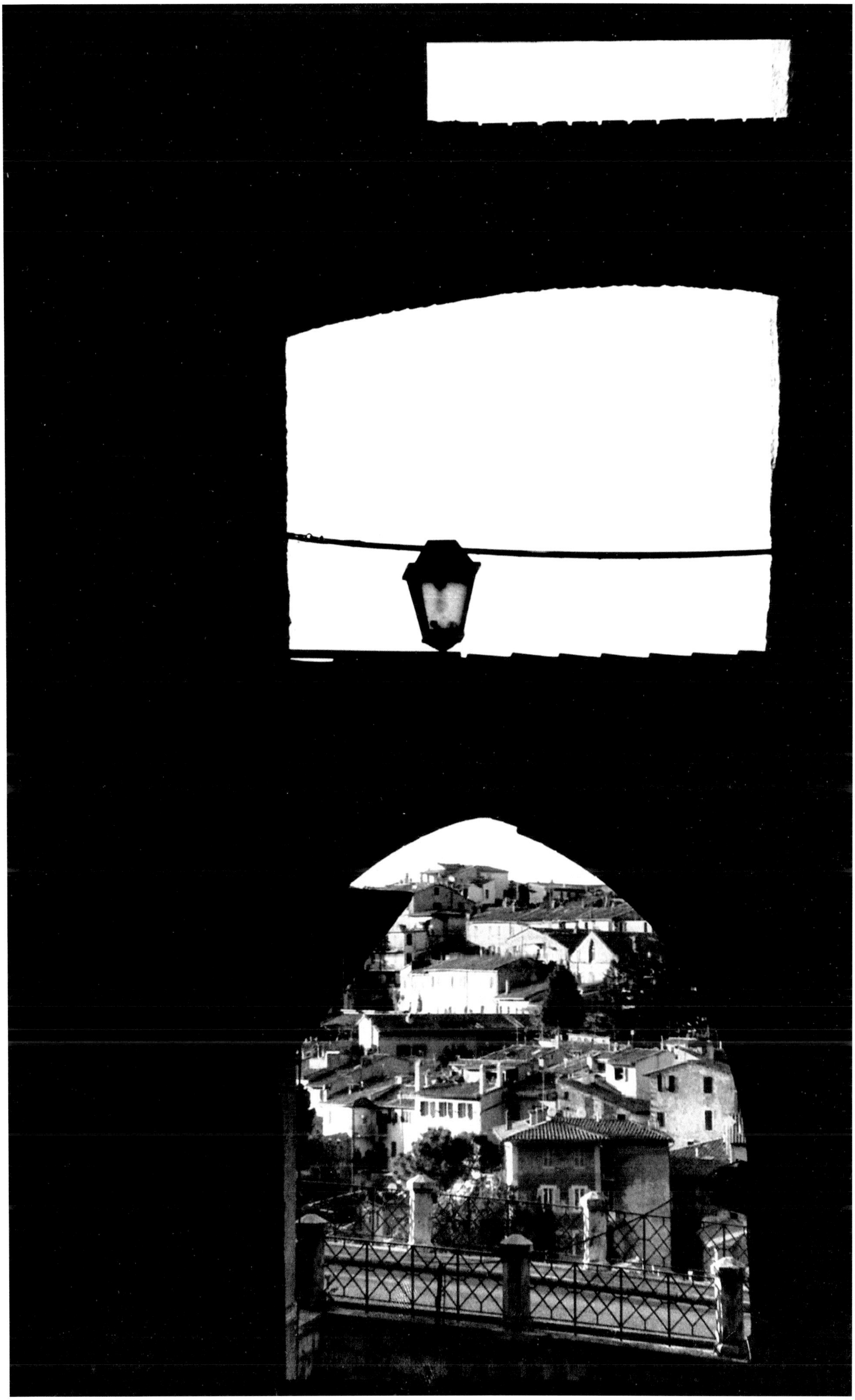

Per le vie di Perugia, attraverso l'acquedotto, fino a quell'appartamento fuori dal centro, cui ero solito accompagnarti e i pini che lo circondano e fanno da cornice alla luna calma e inebriante, che sorride del tempo andato di te e di me. Già tu sai... dolci carezze di un ricordo non così lontano sono le note del canto dei grilli, destati in questa primavera per non lasciarti dimenticare.

Maggio
Ti amo
Vengo da te

Ti racconto del mio racconto, i nostri sguardi, in lotta con la ragione, e vogliosi d'avventura s'incrociano, una sottile barriera d'aria ci separa, vorrei baciarti, non ci riesco, quest'onda d'amore non è abbastanza forte da sfracellare il muro di inibizione e paura di sbagliare e ferirci.

Maggio
Ti amo
Vado via da te

Il mio cuore batte forte
Sono a pezzi
Penso solo a te
Un giorno forse...

Durch die Straßen Perugias, über das Aquädukt, bis zu der Wohnung außerhalb des Zentrums, zu der ich dich gewöhnlich begleitet hatte, unter den Pinien, die sie umgaben und einen Rahmen um das ruhige und berauschende Mondlicht bildeten, welches die vergangene Zeit zwischen mir und dir belächelt. Du weißt schon... süße Liebkosungen einer nicht so fernen Erinnerung sind die Töne des Gesangs der Grillen, erwacht in jenem Frühling, um dich nicht vergessen zu lassen.

Mai
Ich liebe dich
Ich komme zu dir

Ich erzähle dir meine Erzählung, unsere Blicke, im Kampf mit der Vernunft und begierig nach Abenteuer, kreuzen sich, eine dünne Barriere aus Luft trennt uns, ich möchte dich küssen, schaffe es nicht; die Woge der Liebe ist nicht stark genug, um die Mauer des Verbots und die Angst zu irren und uns zu verletzen, zu zertrümmern.

Mai
Ich liebe dich
Ich gehe fort von dir

Mein Herz schlägt stark
Ich bin zerrissen
Ich denke nur an dich
Eines Tages vielleicht...

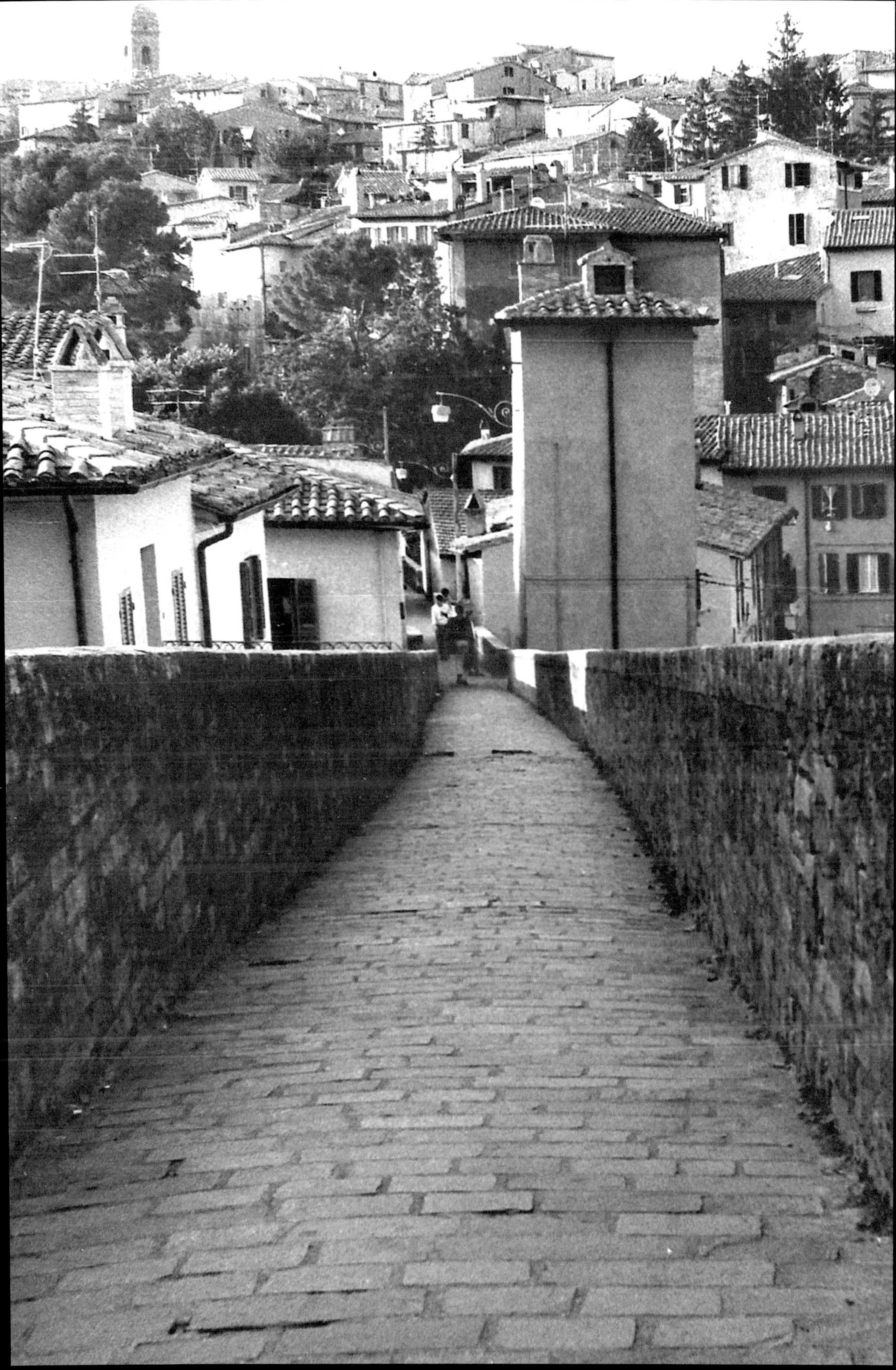

via appia - acquedotto

via appia - acquedotto

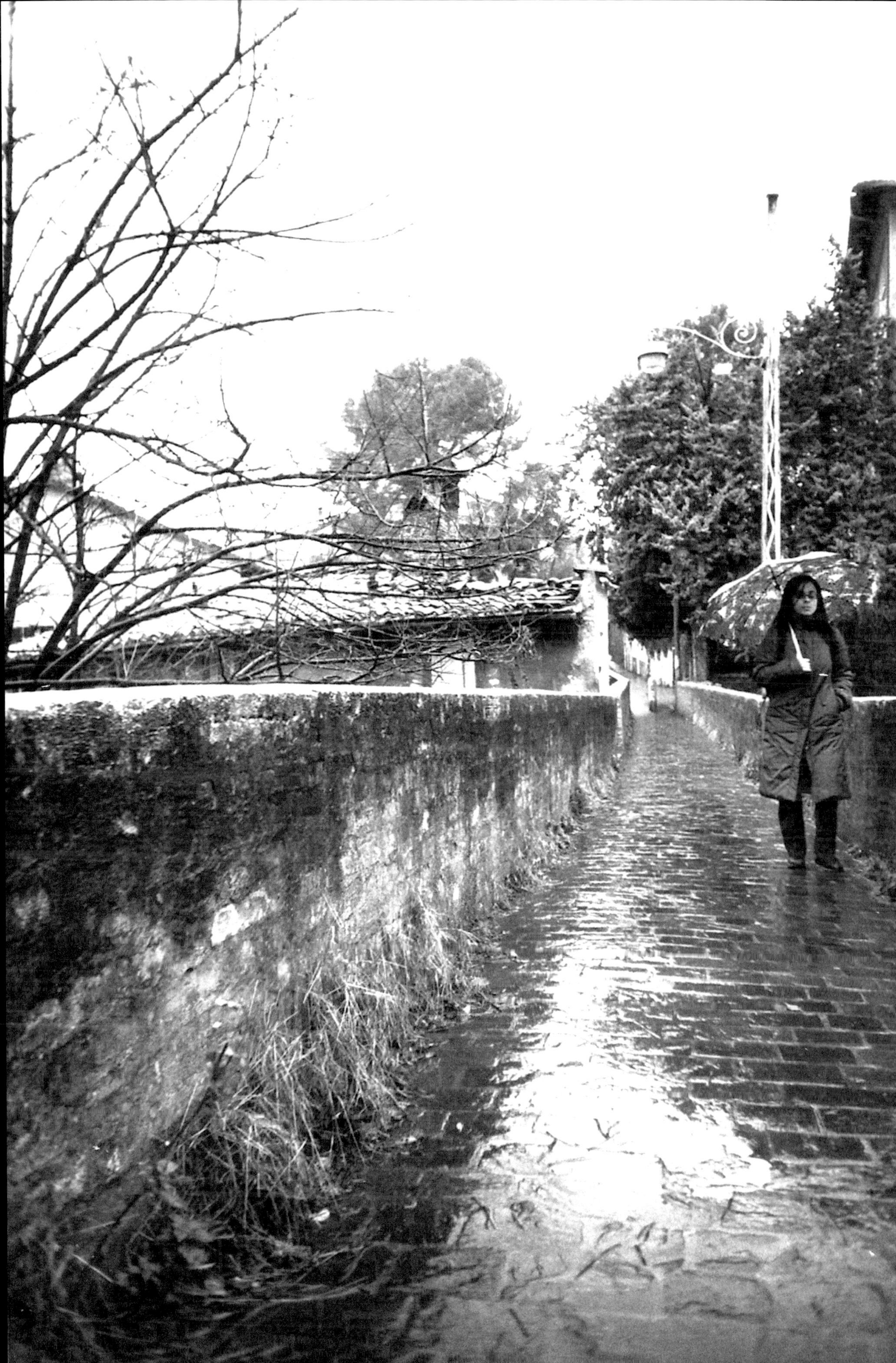

porta s.angelo

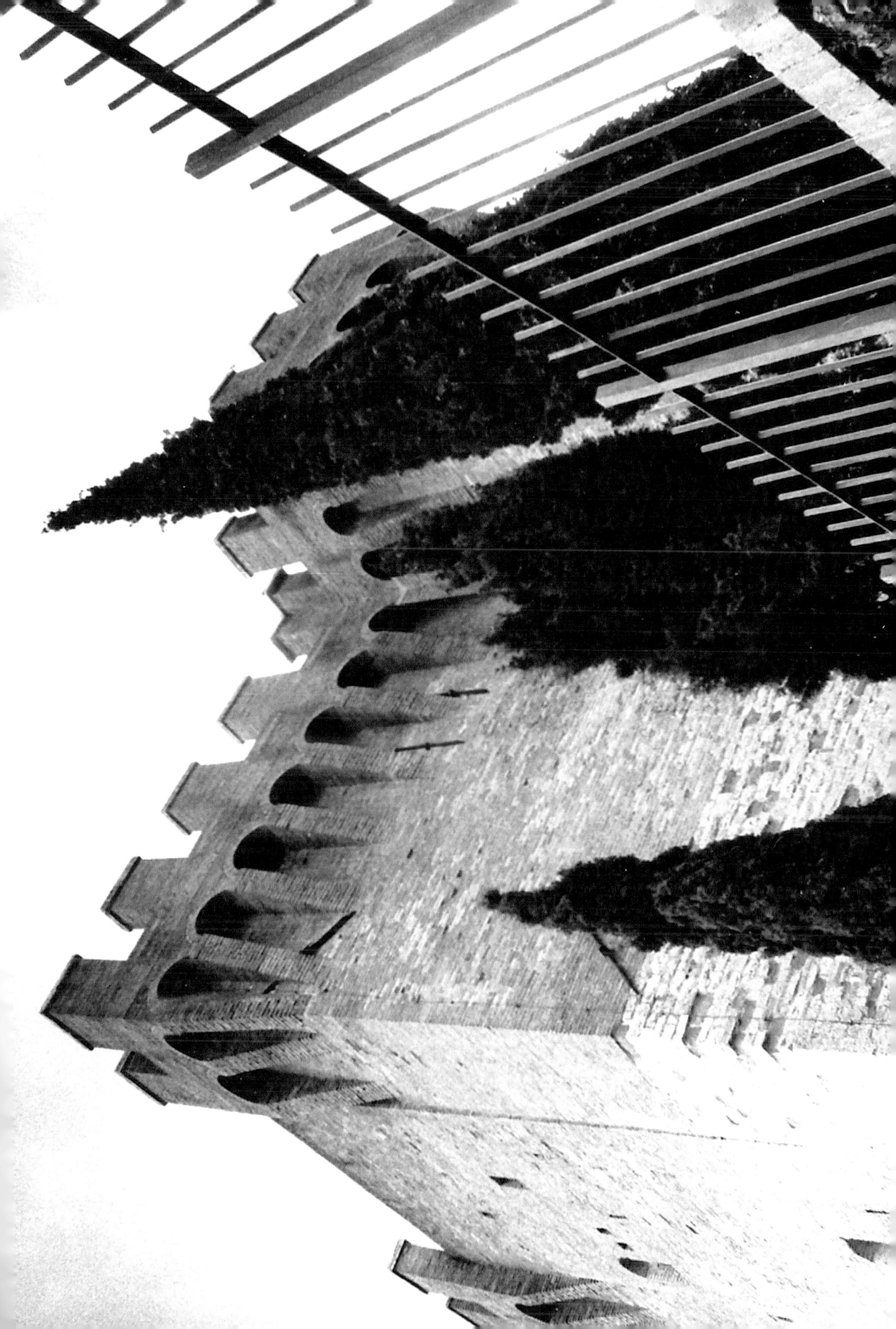

giardini dell'università

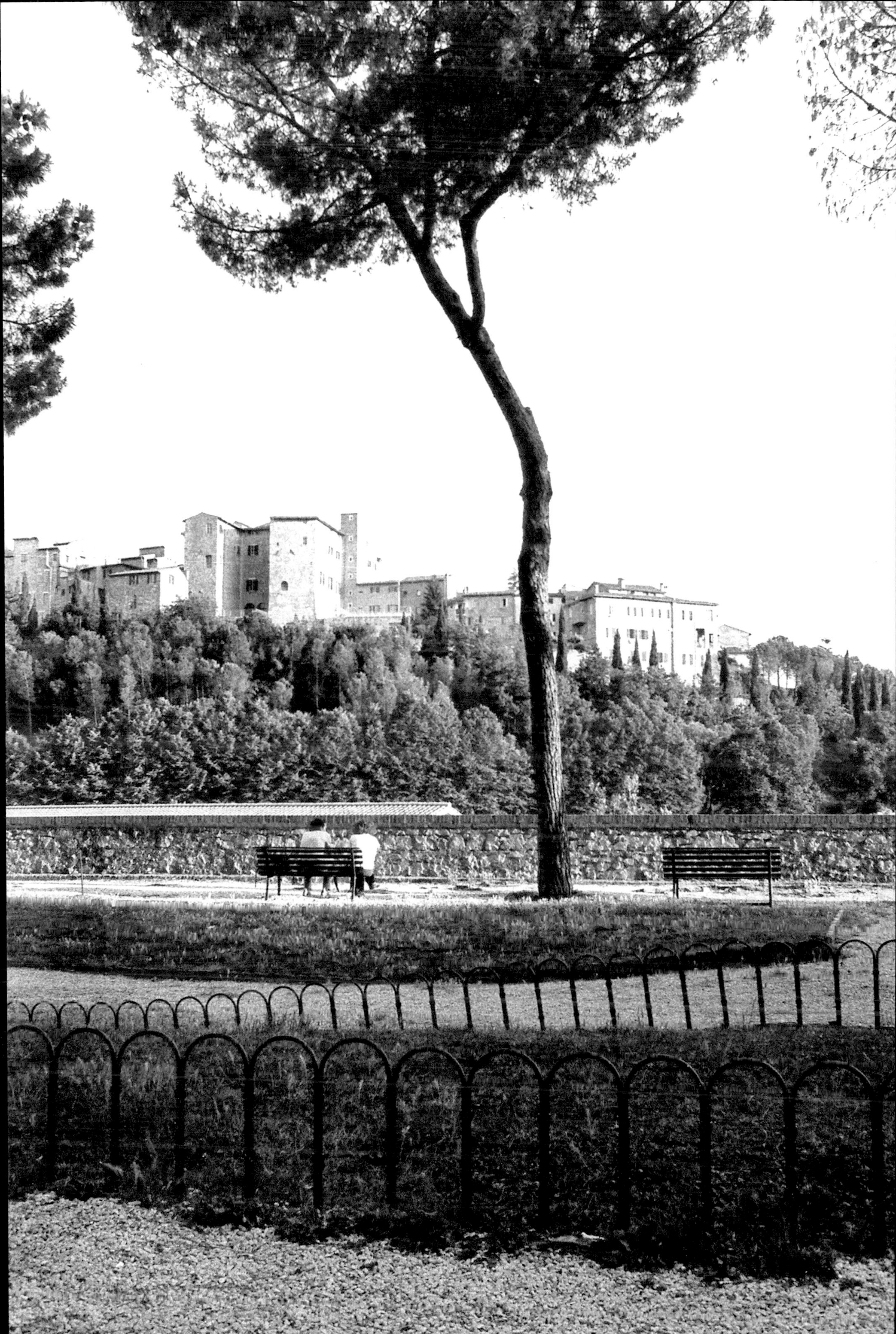

porta della colombata

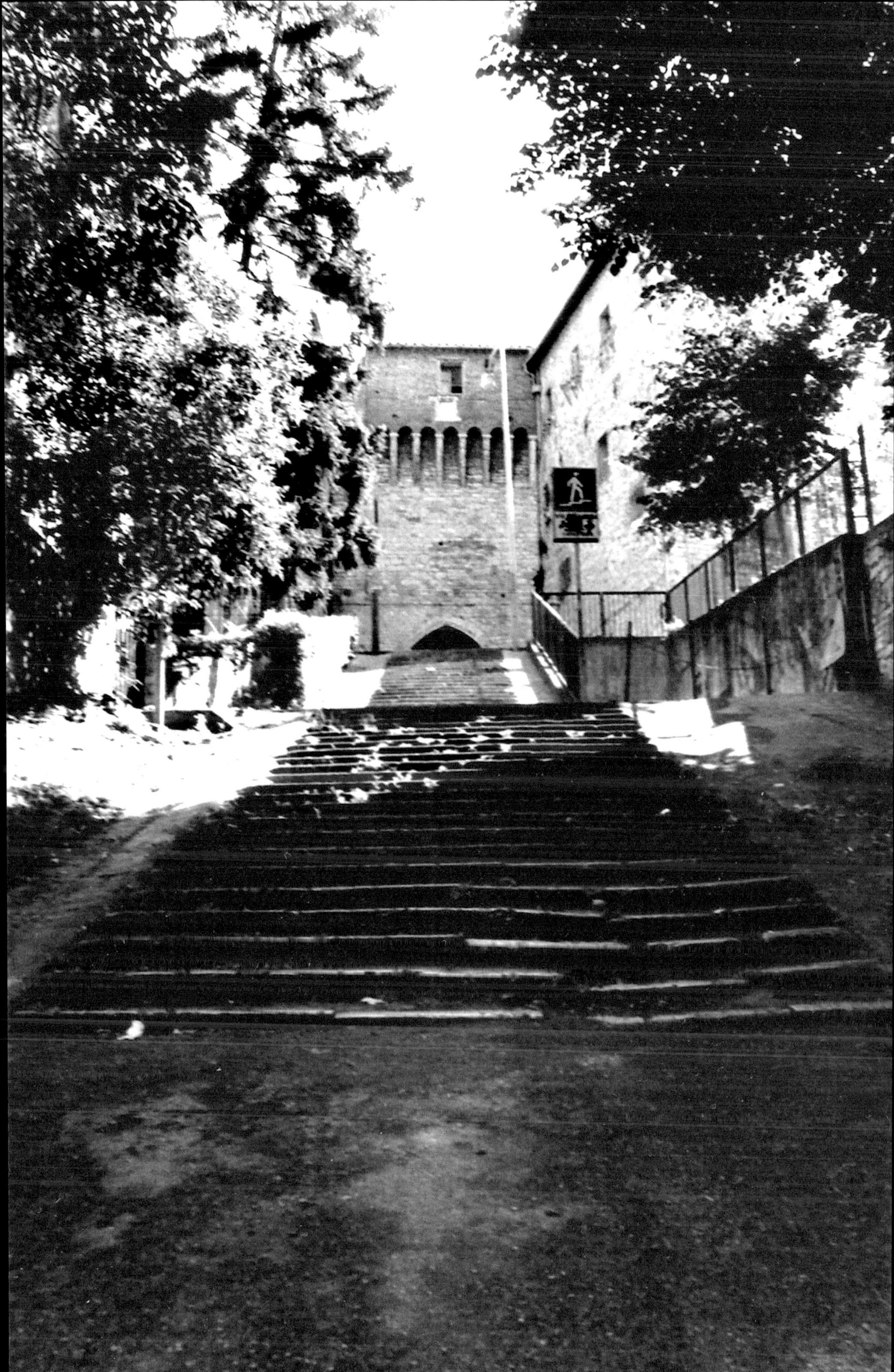

veduta panoramica di perugia

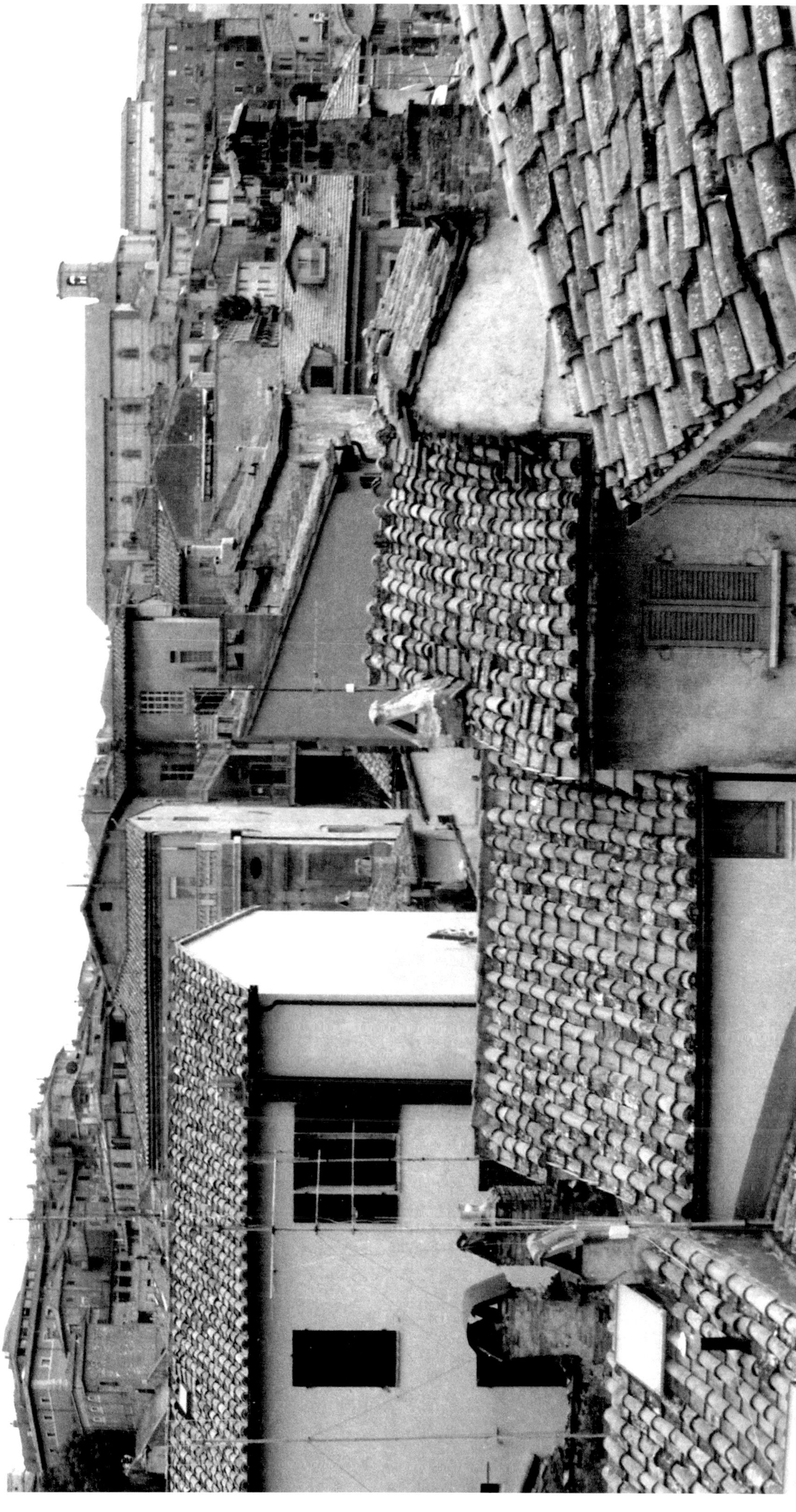

tetti di perugia

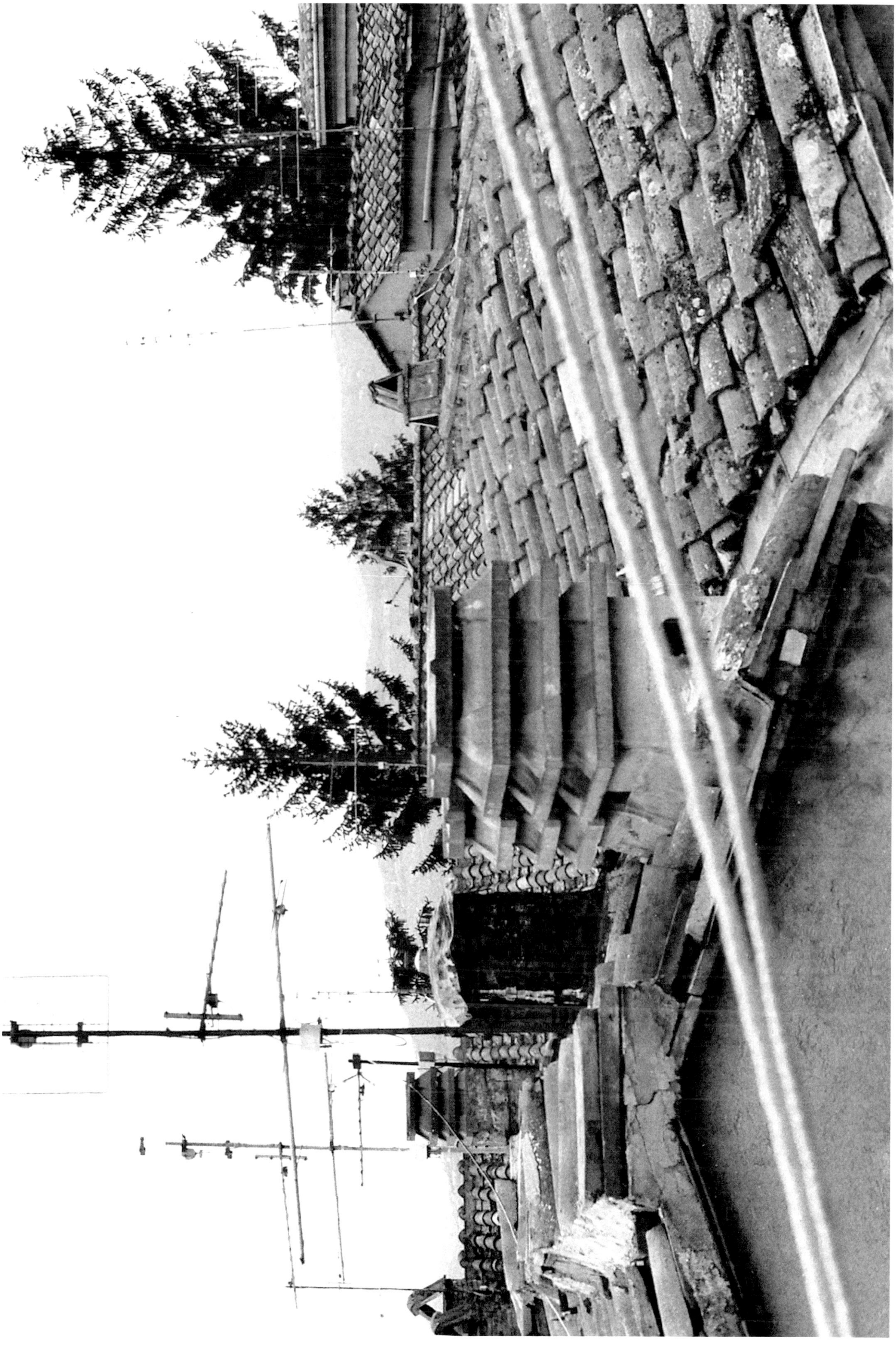

caffè morlacchi

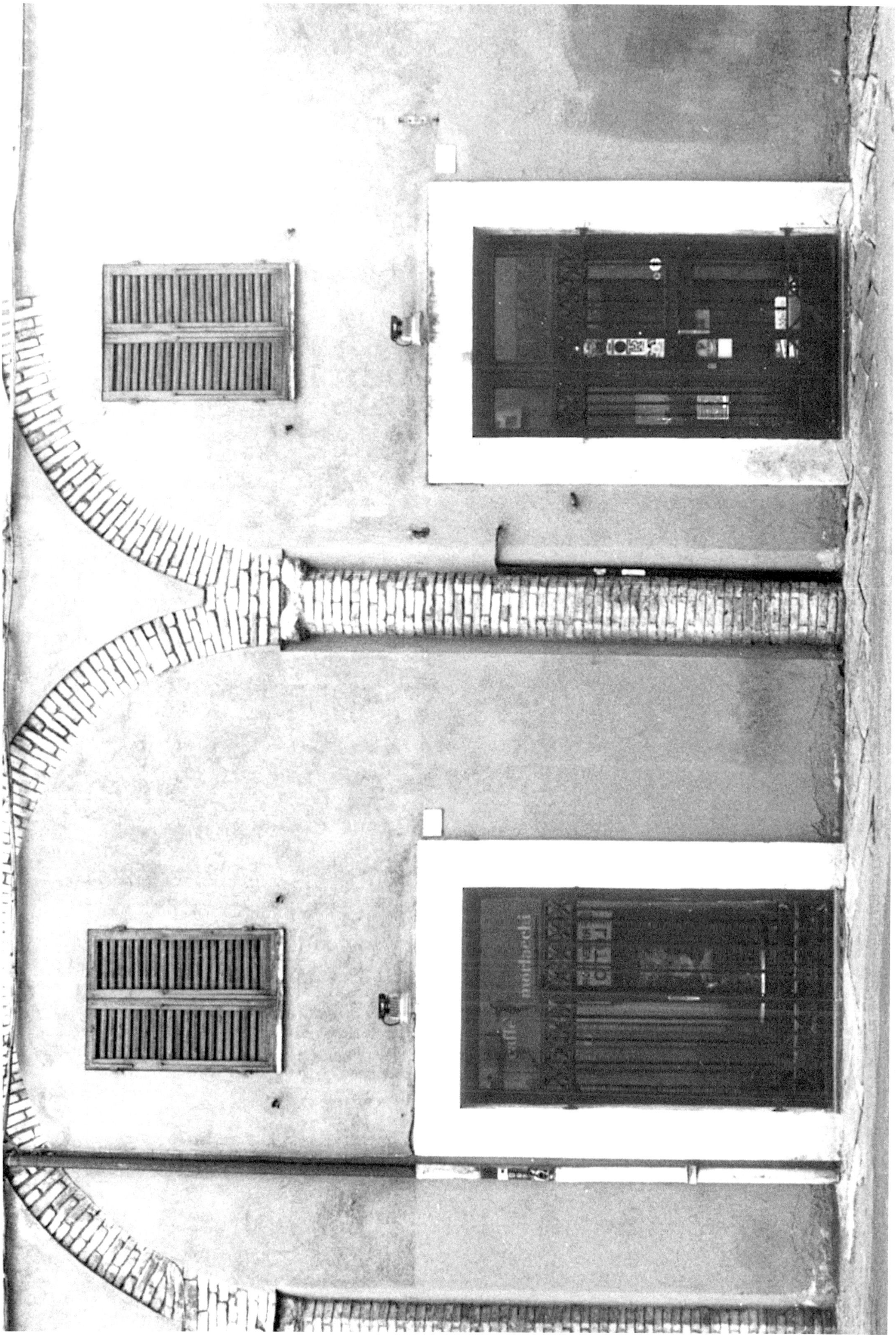

caffè morlacchi

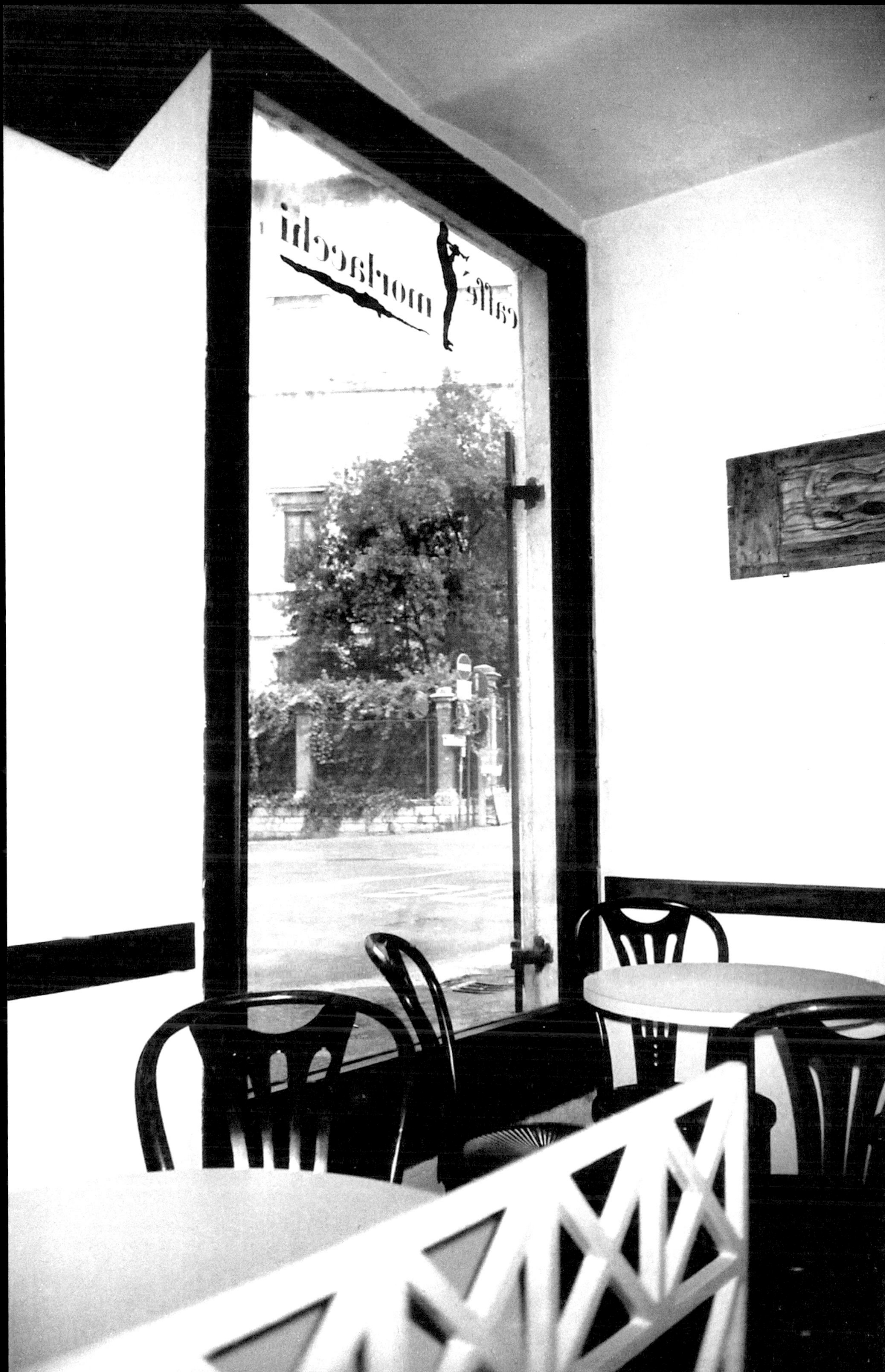
caffè morlacchi

Notte.
Notte dionisiaca, che frantuma la dura realtà del giorno in una infinità di stelle, che ci illuminano nei sentieri dei sogni.
Notte, mi sento un folle libero da ogni legame e ti seguo, seguendo i miei sensi, liberi da ogni freno inibitore.
»Marco, ti odio, perché cammini sempre dietro di me? Ti piace guardarmi di dietro?«
»Sì, hai un bel culo«
»Come sei romantico!!!«
»Sono un poeta«
»Ah sì e allora recitami una tua poesia«
»Ok. Arturo ossia la storia di un nome:
Arturo
Artur
Artu
Art
Art de scopar
"Figooooooooooooo…«
»Ah, ah, ah, molto divertente«
»Non è colpa mia se a Passau mi hanno insegnato a dire: ich gehe in die Pop-Mensa, um zu poppen. Questo mi ha ispirato. Ma ora ascolta bene:

Il Viaggio.

Fino a diciotto anni ho abitato in un piccolo paesino nel sud-Italia.
E dopo l'esame di maturità ho deciso.
Uno zaino a tracollo e i bagagli al mio fianco,
E così sono partito.
Che amori immensi con la mia fantasia afferravo!!!
Il viaggio, il mio primo lavoro nei ristoranti italiani in Germania,
O le mie prime parole d'amore per Melanie:
'… Ti amerò fin quando gli uccelli non smetteranno di volare
Ti amerò fin quando le stelle non baceranno la luna
Senza di te sono un cantante senza voce…'
Il viaggio, la poesia di Parigi o una danza con Valerie:
'… Changez les dames, changez les dames, Je vous en prie. Changez les dames, changez les dames…'
Il viaggio, Peter Pan, eterno fanciullo curioso, in cammino verso luoghi sconosciuti, senza meta, senza scopo.
Il viaggio,
UN CALDO BACIO SOTTO IL CIELO STELLATO DELLA NOSTRA DOLCE E INFINITA ESTATE…«

Mi fissi negli occhi e capisci che non mento, sono un poeta che canta la poesia di questa notte con te:
Notte.
Notte dionisiaca, che frantuma la dura realtà del giorno in una infinità di stelle, che ci illuminano nei sentieri dei sogni.
Notte, mi sento un folle libero da ogni legame e ti seguo, seguendo i miei sensi, liberi da ogni freno inibitore…

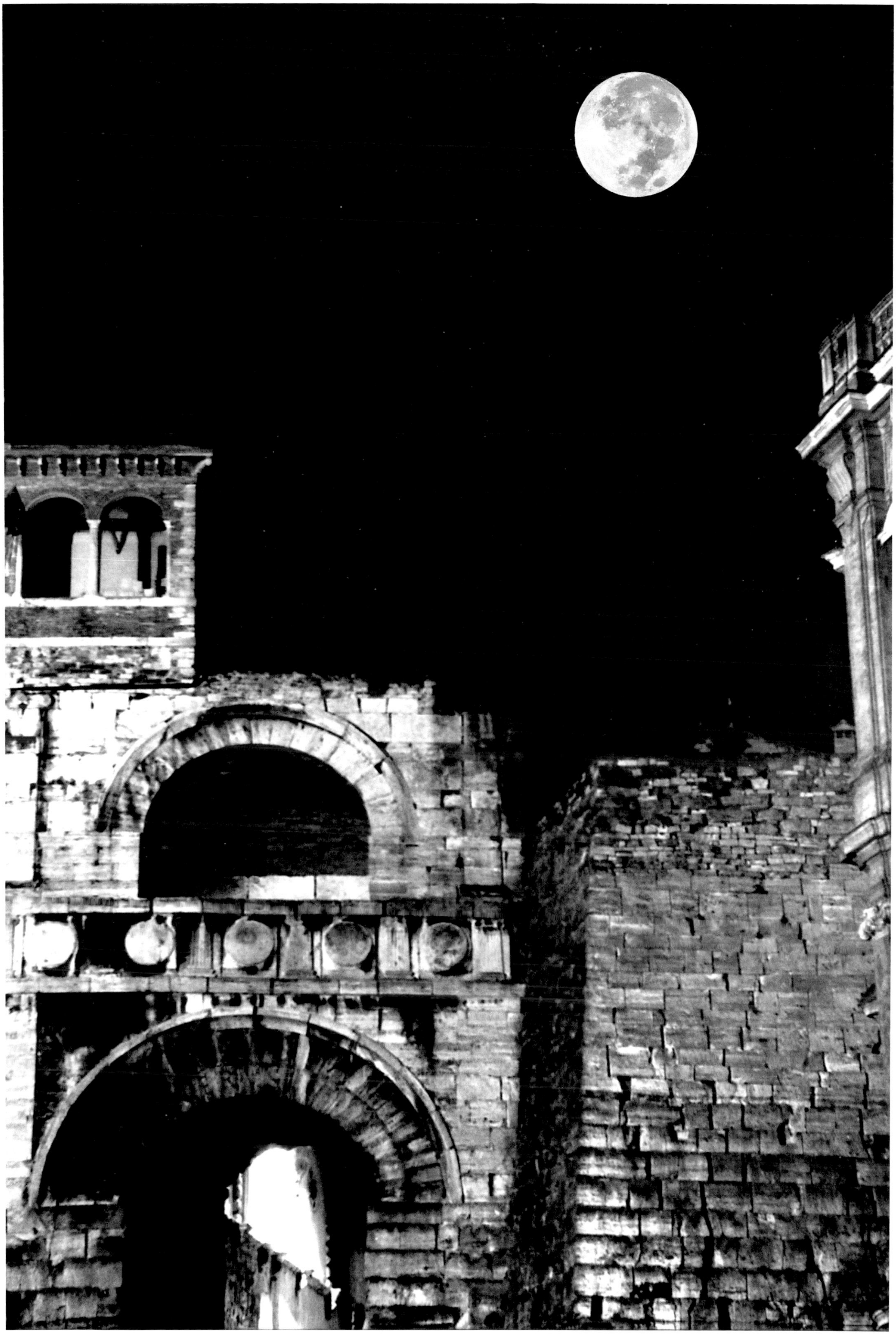

arco etrusco

Nacht.
Dionysische Nacht, welche die harte Realität des Tages in eine Unendlichkeit von Sternen zertrümmert, die uns die Wege der Träume erleuchten.
Nacht, ich fühle mich wie ein Wahnsinniger frei von jeder Bindung und folge dir, meinen Sinnen gehorchend und frei von jedem hemmenden Verbieter.
»Marco, ich hasse dich, warum gehst du immer hinter mir? Gefällt es dir, mich von hinten zu sehen?«
»Ja, du hast einen schönen Arsch!«
»Wie romantisch du bist!!!«
»Ich bin ein Dichter.«
»Ah ja? Dann sag mir ein Gedicht von dir auf.«
»Ok. Arturo und zwar die Geschichte eines Namens:
Arturo
Artur
Artu
Art
Art zu poppen.
Coooooooooooooool...«
»Hahaha, sehr lustig.«
»Es ist nicht meine Schuld, dass sie mir in Passau beigebracht haben zu sagen, ‚ich gehe in die Pop-Mensa, um zu poppen‘. Das hat mich inspiriert. Aber hör jetzt gut zu:

Die Reise

Bis zu meinem 18. Lebensjahr habe ich in einem kleinen Dorf in Süditalien gelebt.
Und nach dem Abitur habe ich meinen Entschluss gefasst.
Einen Rucksack auf den Schultern und das Gepäck an meiner Seite.
Und so bin ich fort gegangen.
Welche Lieben ergriff ich in meinen Phantasien!
Die Reise, die erste Arbeit in einem italienischen Restaurant in Deutschland.
Oder meine ersten liebenden Worte zu Melanie:
‚...Ich werde dich lieben, solange die Vögel nicht aufhören zu fliegen.
Ich werde dich lieben, solange die Sterne nicht den Mond küssen.
Ohne dich bin ich ein Sänger ohne Stimme...‘
Die Reise, die Poesie Paris oder ein Tanz mit Valerie:
‚... Changez les dames, changez les dames, Je vous en prie. Changez les dames, changez les dames...‘
Die Reise, Peter Pan, ewig neugieriger Junge, auf dem Weg zu unbekannten Orten, ohne Ziel, ohne Zweck...
Die Reise,
EIN WARMER KUSS UNTER DEM STERNENHIMMEL UNSERES SÜßEN UND UNENDLICHEN SOMMERS«

Du blickst mir tief in die Augen und verstehst, ich lüge nicht, ich bin ein Dichter, der die Poesie dieser Nacht mit dir singt:
Nacht. Dionysische Nacht, welche die harte Realität des Tages in eine Unendlichkeit von Sternen zertrümmert, die uns die Wege der Träume erleuchten.
Nacht, ich fühle mich wie ein Wahnsinniger frei von jeder Bindung und folge dir, meinen Sinnen gehorchend und frei von jedem hemmenden Verbieter...

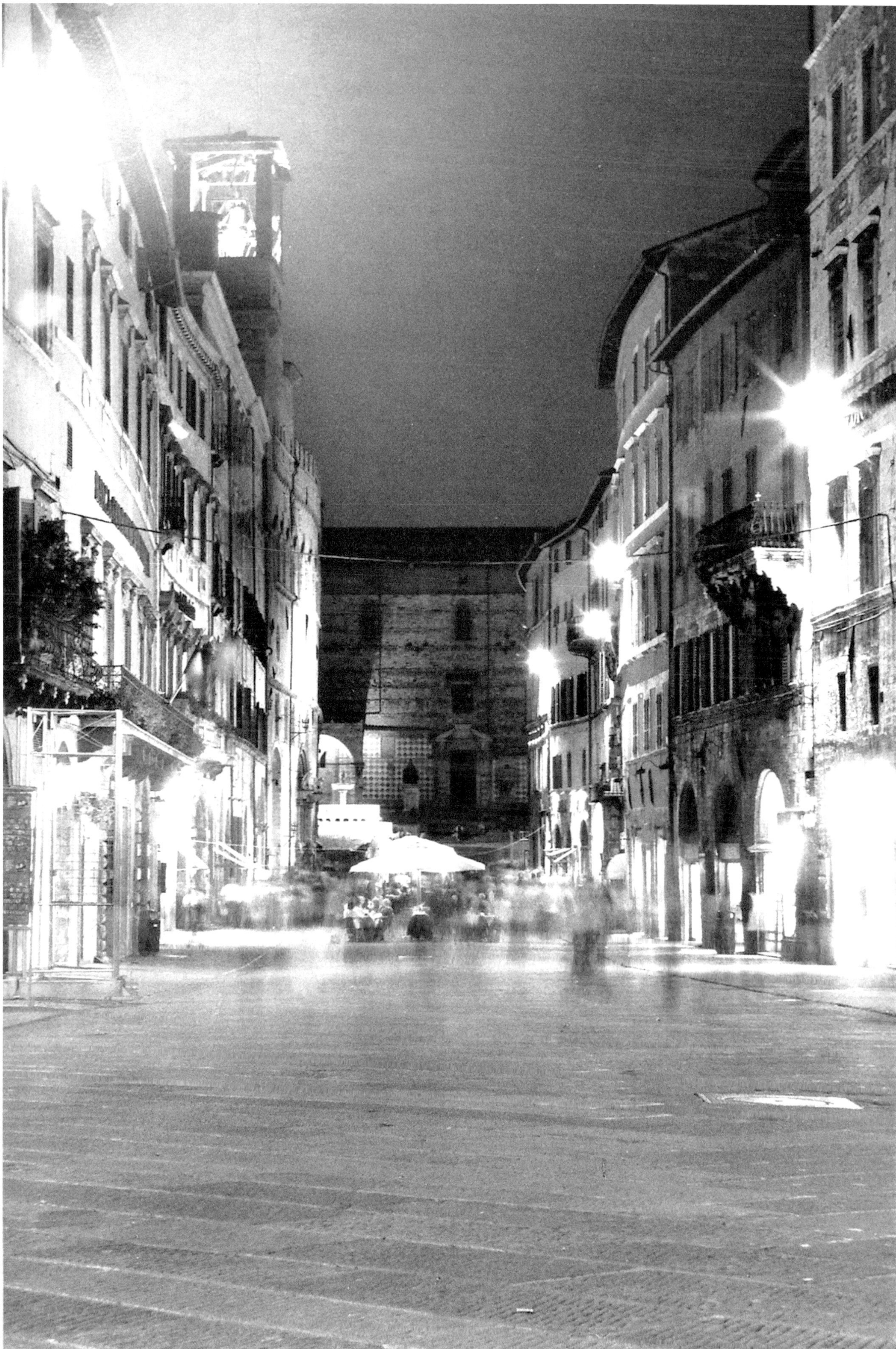

corso vannucci by night

fontana maggiore

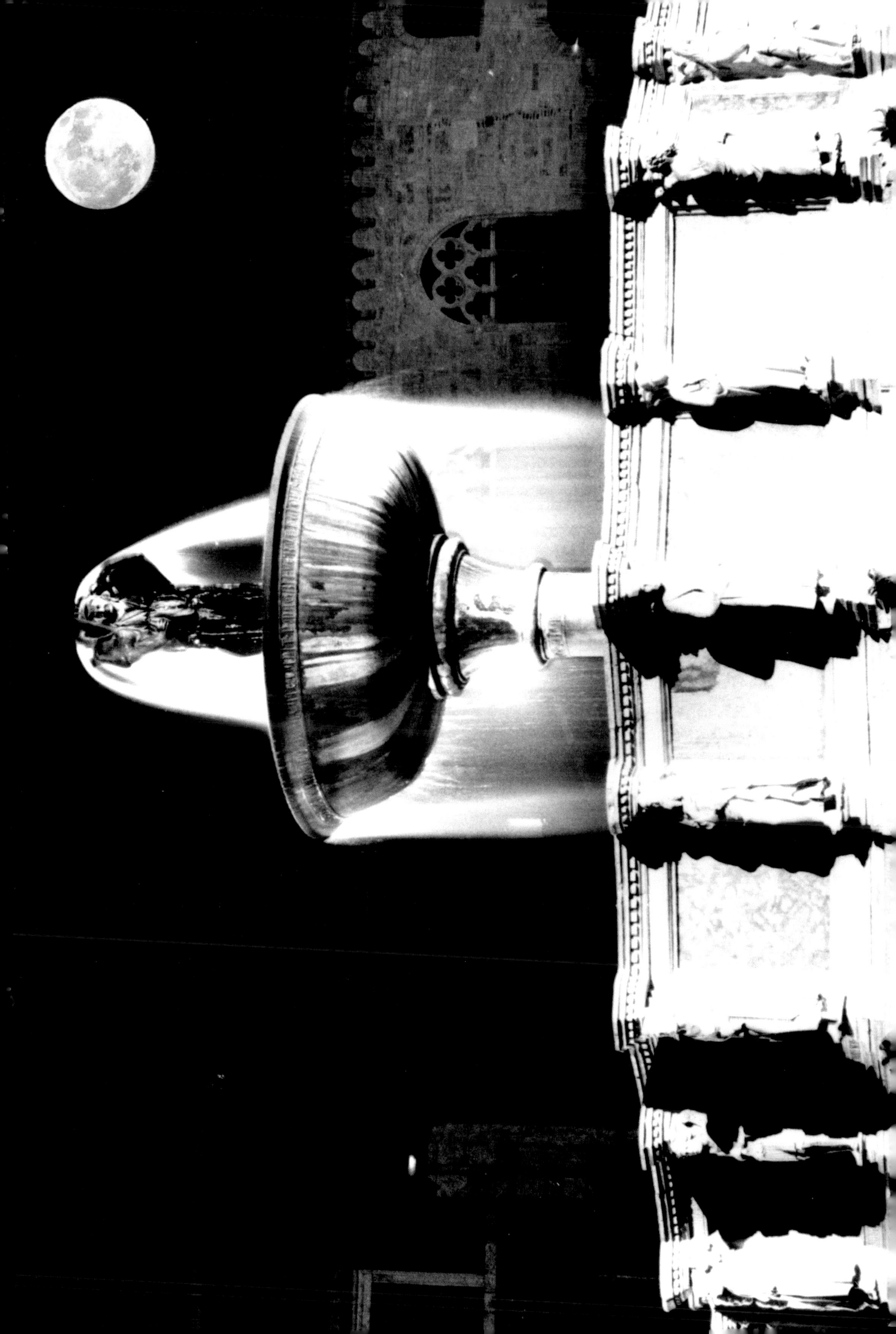

tetti notturni

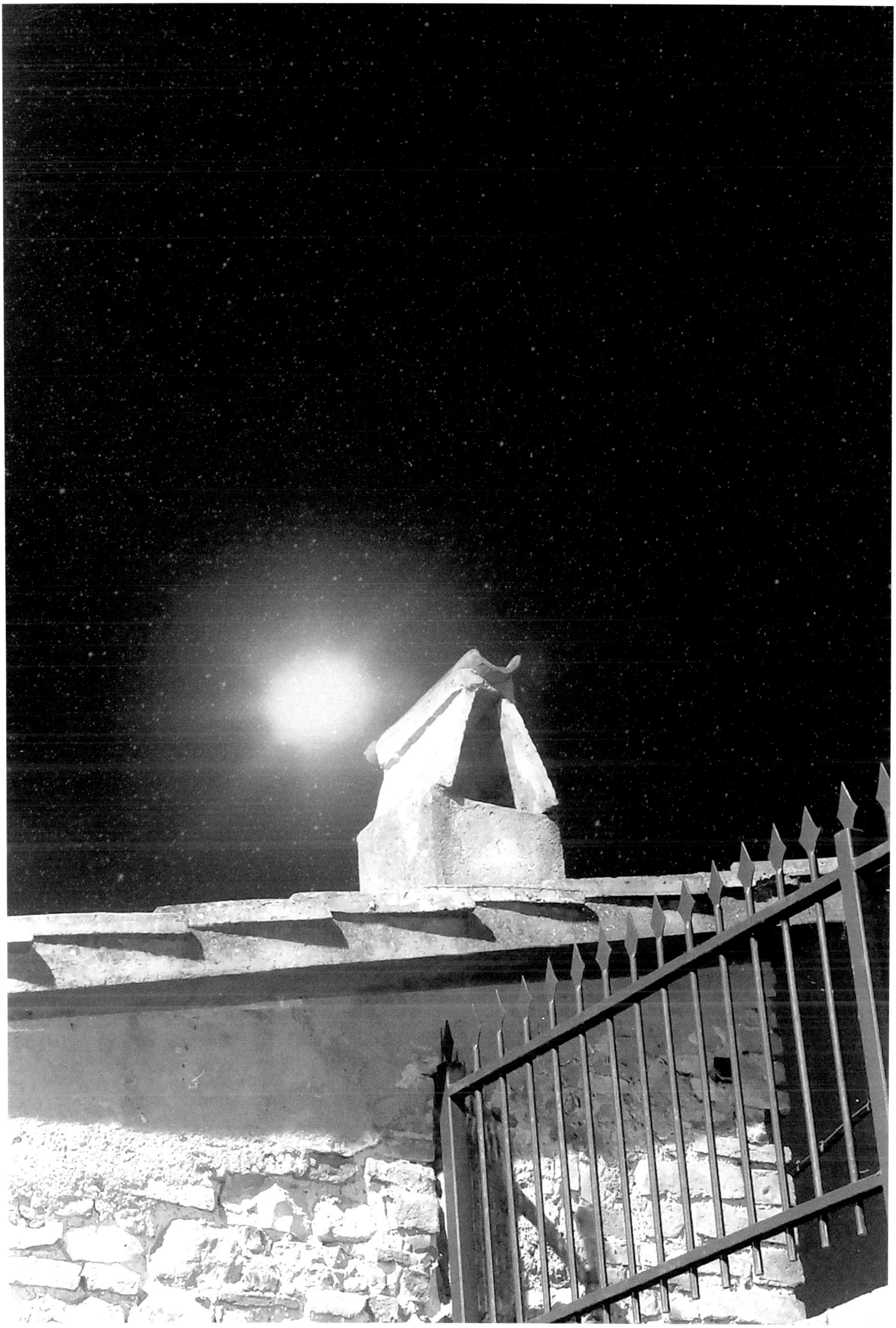

alba perugina

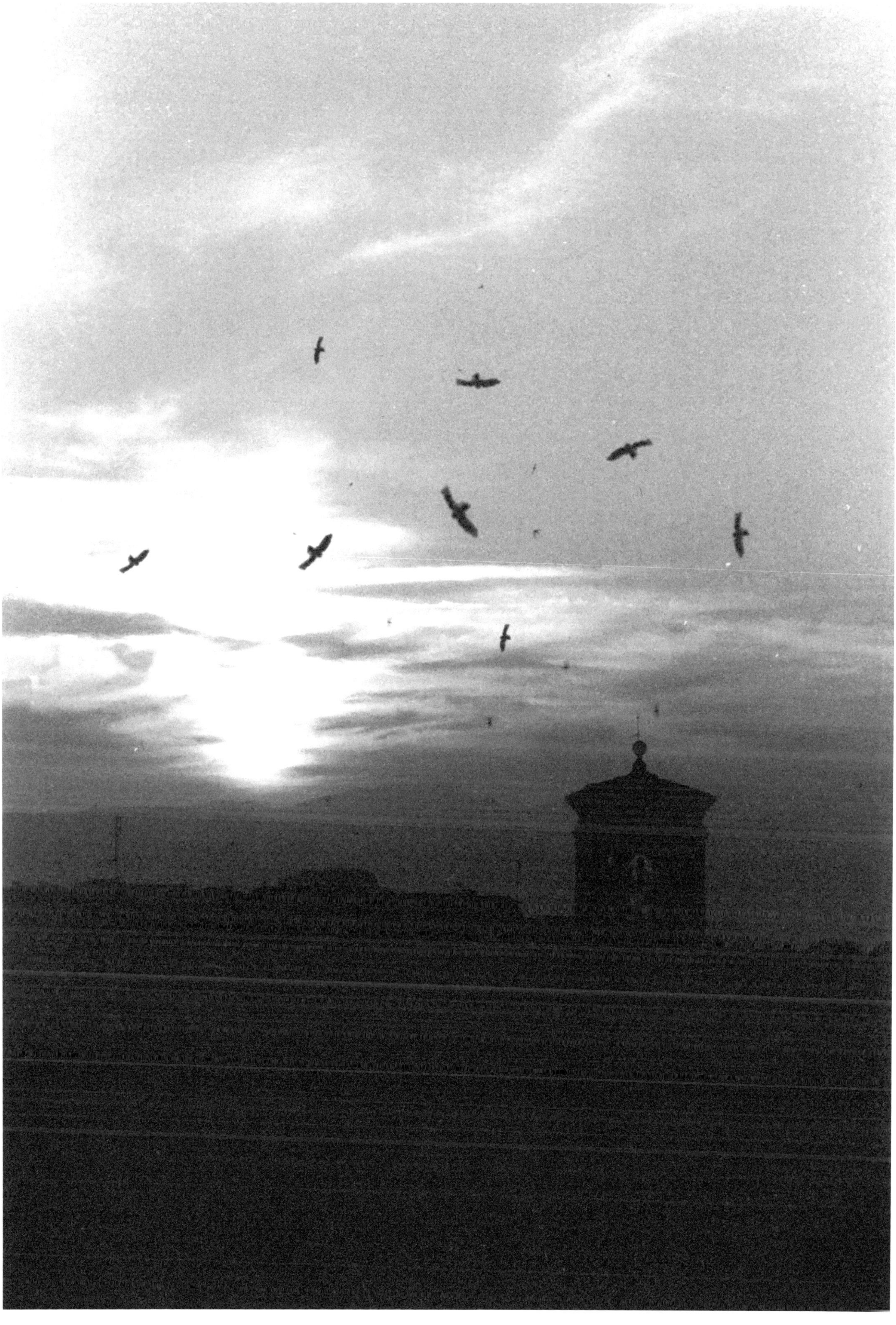

alba perugina

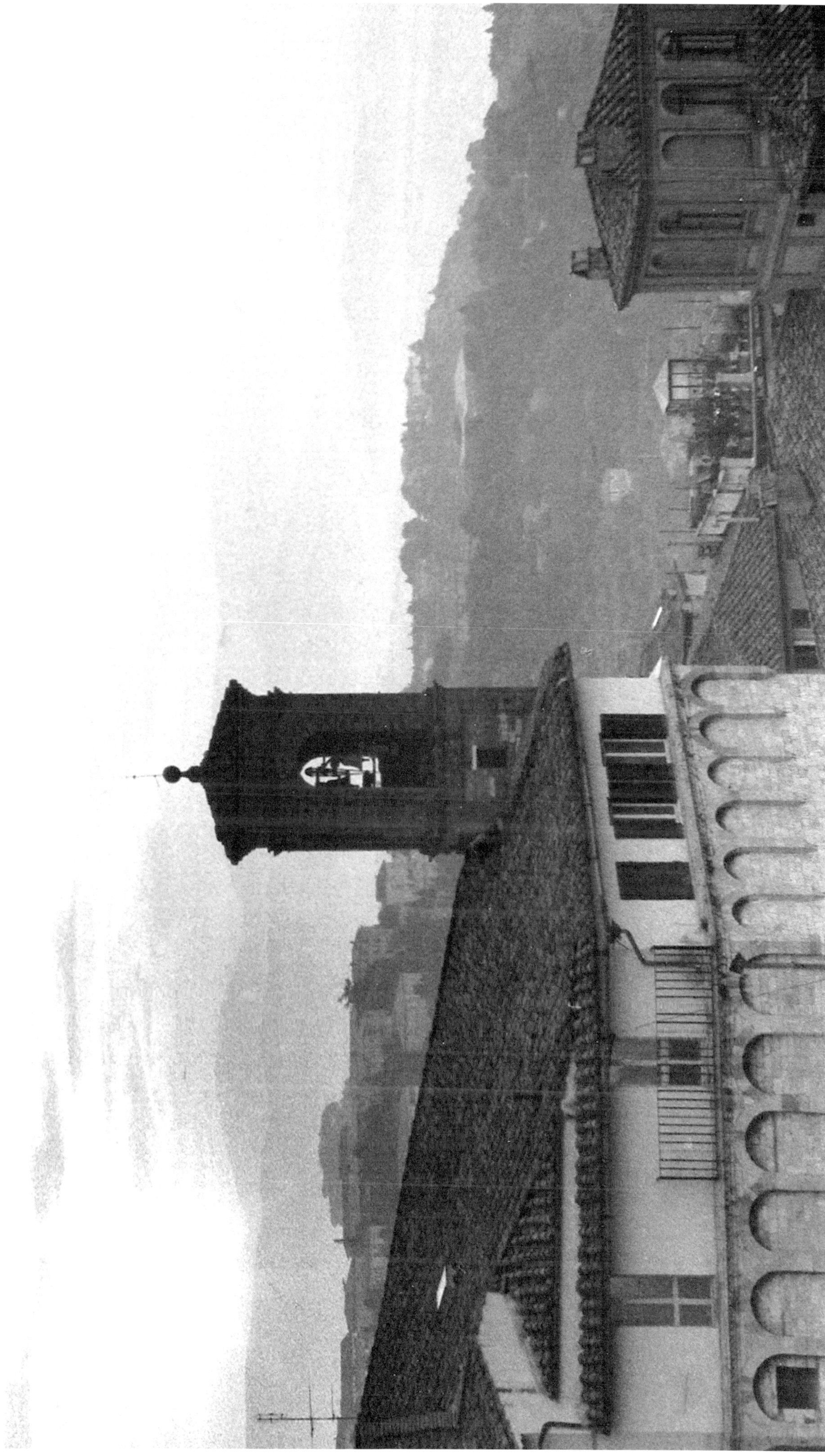

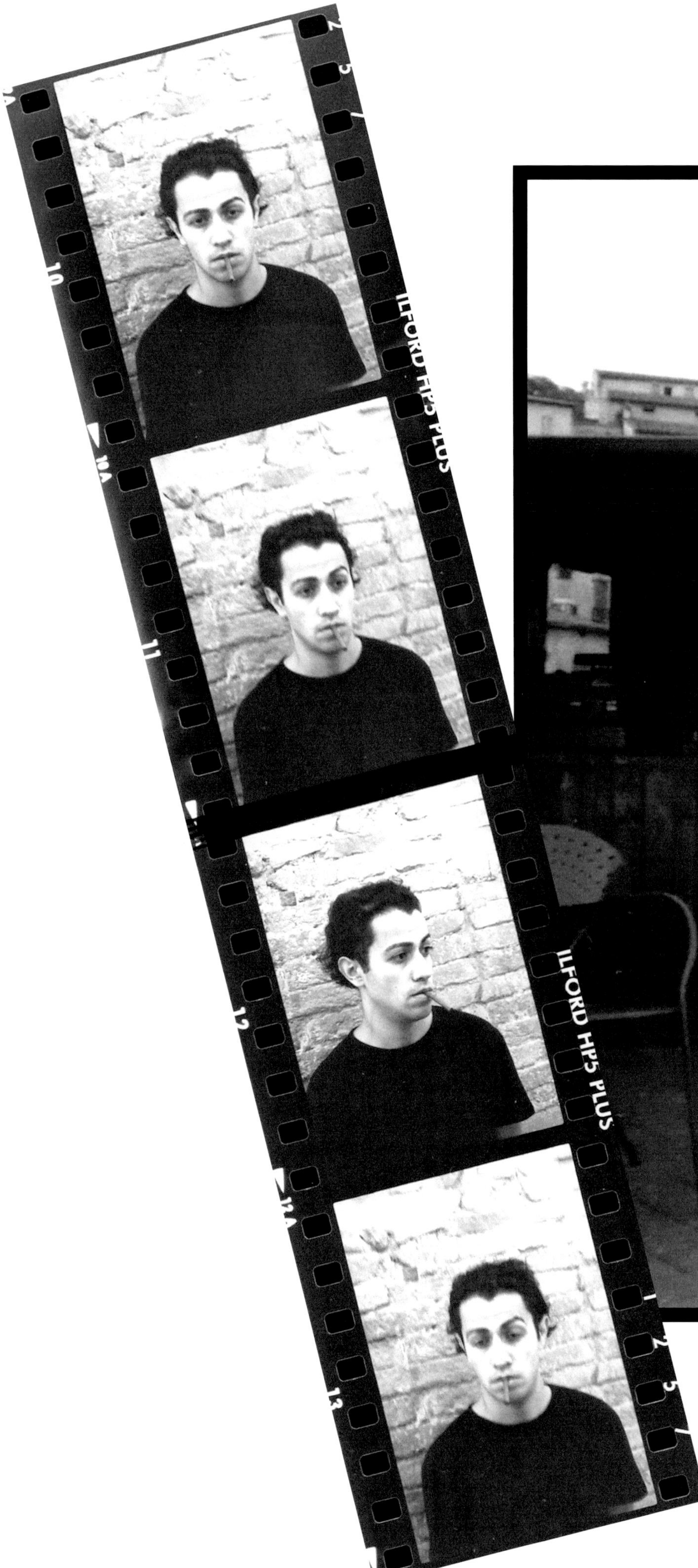
ILFORD HP5 PLUS
ILFORD HP5 PLUS

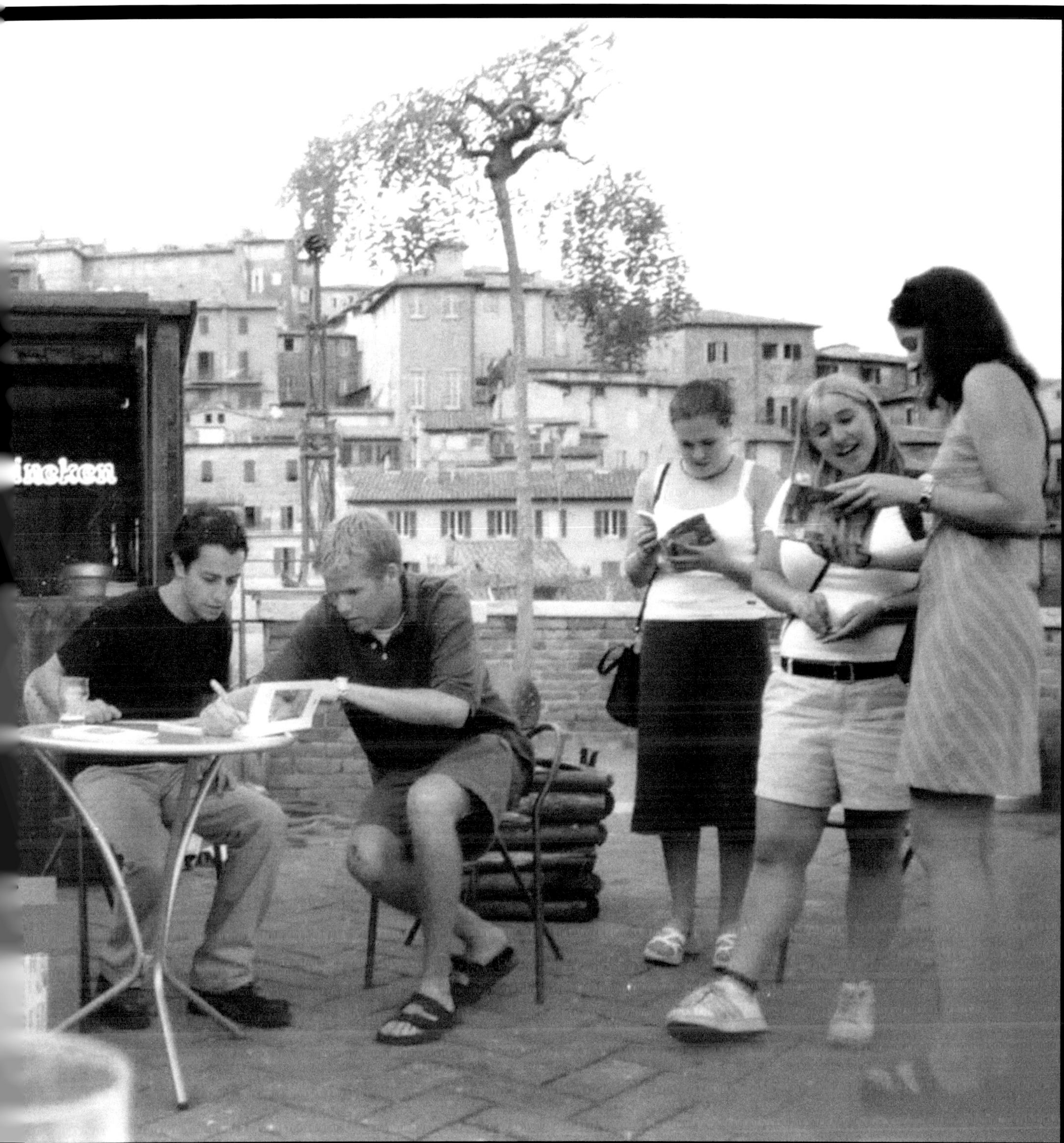

autoritratto / autografi

È perché sono uno scrittore che siedo ad un tavolino con il mio caffè, la mia penna e rotoli di carta. In estate la spiaggia è affollata e la quiete del mare è disturbata dal fracasso delle persone. È così che ho deciso di fermarmi in questo bar la cui terrazza si affaccia sul mare. Il pavimento è di legno e le consumazioni economiche.
Nel sud io non ci sono nato, ci sono cresciuto. I miei genitori sono anch'essi meridionali, ma non sono emigrati; si trovavano semplicemente di passaggio a Firenze, quando io venni alla luce. Sono ritornato qui, dalle mie parti, per visitarli.
È una delle cose che amo di più, starmene da solo, sorseggiare un caffè e pensare ad un nuovo racconto:
Decidere il luogo, fare il nome di vie e persone, descrivere suoni uditi, cose viste, amori, amicizie, gioie, dolori...

Di fronte a me una folla di gente eccitata, che scherza, si fa la corte, gioca a palla in acqua, prende il sole circonfusa dall'atmosfera inebriante delle vacanze estive. Ma io volevo stare solo, tra la quiete dei miei pensieri, che mi suggeriscono questo nuovo racconto:

FINE DI QUALCOSA

Un pezzo di vita romanzata di un giovane scrittore (io), non di professione, ma per vocazione. E' la scrittura che ha scelto me non io lei...

Wyrd bið ful aræd[1]

Avevo appena terminato le scuole superiori, ottenendo la licenza liceale.
Se guardo indietro a quegli anni, posso affermare con sicurezza che sono state le amicizie a lasciare un segno indelebile.
Le prime amicizie, quelle che non scordi mai, che porti sempre dentro di te.
Con Tiziano ero solito discutere per ore, di notte, nella sua Uno bianca. Parcheggiavamo lungo un corso desolato. E non poteva essere altrimenti in un paesino di provincia. Tutto il resto della compagnia si dileguava e si ritrovava a casa, dopo aver trascorso la serata tra videogiochi e birra ai tavolini all'aperto. Mi piaceva quel discorrere.

Il giorno dopo la licenza liceale, sedevo in macchina con Tiziano, che taceva. Aspettava un commento alla sua ultima riflessione.
Io fumavo una sigaretta e ascoltavo il canto dei grilli. Eravamo amici sin dai tempi dell'asilo. Non avevamo mai litigato.

Weil ich ein Schriftsteller bin, sitze ich an einem Tischchen, mit meinem Kaffee und meinem Kugelschreiber und Papierrollen. Im Sommer ist der Strand überfüllt und die Ruhe des Meeres wird durch den Lärm der Leute verdorben. Das Cafe zeigt zum Meer, der Boden ist aus Holz und der Verzehr billig.
Im Süden Italiens bin ich nicht geboren, ich bin dort nur aufgewachsen. Meine Eltern waren auf der Durchreise in Florenz, als ich zur Welt kam. Ich bin jetzt wieder hier in meinen Ort zurückgekommen, um sie zu besuchen.
Allein zu sein, einen Kaffee in kleinen Schlücken zu trinken und an eine neue Erzählung zu denken, das ist es, was ich am meisten liebe.
Mich für den Ort zu entscheiden, die Namen der Straßen und Personen zu erfinden, Geräusche, die ich höre, Dinge, die ich sehe, Liebesbeziehungen, Freundschaften, Freud und Leid...

Vor mir ist eine Menge von aufgeregten Leuten, aufgelegt zu Scherzen, sich zu necken, im Wasser Fußball zu spielen, sich zu sonnen, aufgeregt wegen der berauschenden Stimmung des sommerlichen Urlaubs. Aber ich will allein bleiben, in der Ruhe meiner Gedanken. Ich nehme eine meiner Geschichten und beginne zu lesen:

DAS ENDE VON ETWAS

Ein Stück des romanhaften Lebens eines jungen Schriftstellers (ich), nicht beruflich, sondern aus Berufung. Es ist das Schreiben, das mich gewählt hat, nicht anders herum...

Wjrd bid full araed[1]

Ich hatte gerade mein Schulabitur gemacht.
Wenn ich in meine vergangenen Jahre blicke, kann ich behaupten, dass es die Freundschaften waren, die einen unauslöschlichen Eindruck hinterlassen haben. Die ersten Freundschaften, die man nie vergisst, die sich für immer einprägen.
Mit Tiziano war ich gewohnt, mich nachts stundenlang in seinem weißen Uno[2] zu unterhalten. Wir parkten vor einem öden Korso. Und es konnte nicht anders sein in einem Dörfchen. Unsere gemeinsamen Freunde gingen nach Hause, nachdem sie den ganzen Abend zwischen Videospiel und Bier an den Tischen auf der Straße verbracht hatten. Mir gefiel diese Unterhaltung.

Den Tag nach dem Abitur saß ich mit Tiziano in seinem Auto. Er schwieg. Er wartete auf einen Kommentar über seine letzte Beobachtung.
Ich rauchte eine Zigarette und lauschte dem Gesang der Grillen. Seit der Kindergartenzeit waren wir Freunde gewesen. Wir hatten uns nie gestritten.

Ma qualcosa stava cambiando. La sensazione che qualcosa stesse terminando, carezzava la mia pelle. Faceva molto caldo e non tirava un alito di vento. La quiete delle prime ore mattutine rendeva tutto più soffocante e insopportabile.

Tiziano, che mi capiva al volo, non aspettò una risposta e mi riaccompagnò a casa. Rimanemmo in silenzio per l'intero tragitto.

Le prime foglie gialle iniziarono a cadere dagli alberi. Il primo vento pallido iniziò a soffiare. Io e Tiziano ci trasferimmo a Perugia... la coda presso la segreteria, per iscriverci all'università... la lunga ricerca per un appartamento da affittare... le prime sbronze...

Iniziò il semestre, conoscemmo i professori, le aule e i corsi universitari.
Perugia ci era sconosciuta. Era una bella sensazione scoprire qualche nuovo dettaglio ogni giorno. La nostra amicizia non era mutata, anche se un silenzio regnava tra di noi.
Cose non dette, che sarebbero poi esplose, come una bomba ad orologeria.
Io detesto le persone che non dicono tutta la verità e inconsapevolmente detestavo Tiziano. E me stesso.
Perugia era ben diversa dal paesino, dove ero cresciuto, e le mie abitudini di vita cambiarono totalmente.
Godevo in un'indipendenza che non avevo avuto in precedenza. Durante i fine settimana viaggiavo, arricchendomi giorno dopo giorno di esperienze che non avrei mai fatto, se fossi rimasto con i miei. Per i compaesani sarebbe stata una vita scabrosa, immorale.
Le viuzze di Perugia erano piene di ragazze straniere che risaltavano ai miei occhi abituati alle donne italiane.
Facevo amicizia in fretta e tra gli altri vi erano molti interessati all'arte. Comporre musica, scrivere racconti, scattare foto, dipingere.
Era nata la mia passione per lo scrivere, dalla quale non riuscii più ad allontanarmi.
Finalmente entrai a far parte di una nuova comitiva: Marco, Francesca, Giovanni, Denise...

Poi giunsero i primi fiocchi di neve... Osservavo l'acqua ghiacciata della Fontana Maggiore e regalavo alle belle ragazze mazzi di fiori...

Organizzammo la nostra prima festa. Io giunsi tardi. Bussai. Le persone ridevano rumorosamente. Bussai più forte, sembrava che nessuno avesse sentito. Finalmente Marcò aprì ed io entrai, riconoscendo immediatamente tutti gli ospiti.
Mi tolsi il cappotto e andai in cucina. Versai il vino in un bicchiere e mangiai una pizzetta con carciofi e salsiccia.

Aber etwas änderte sich. Das Gefühl, dass etwas zu Ende war, streichelte meine Haut. So war das an jenem Abend. Es war sehr warm und kein Windhauch war zu spüren. Die Ruhe der ersten Morgenstunden machte alles unerträglich und erdrückend.

Tiziano verstand sofort und wartete nicht auf eine Antwort, sondern brachte mich sofort nach Hause. Wir schwiegen während der ganzen Fahrt.

Die ersten gelben Blätter begannen von den Bäumen zu fallen. Der erste blasse Wind pfiff. Ich und Tiziano fuhren nach Perugia… die Schlange bei dem Sekretariat, um uns an der Uni einzuschreiben… die lange Suche nach einer Wohnung… die ersten Räusche…

Das Semester begann und wir lernten Professoren, Räume, Kurse kennen.
Die Stadt war ganz neu, jeden Tag entdeckten wir was Neues. Und es war schön.
Unsere Freundschaft hatte sich nicht verändert, auch wenn ein gewisses Schweigen zwischen uns herrschte.
Ungesagte Dinge, die später wie eine Zeitbombe platzen würden. Ich hasse Leute, die nicht die ganze Wahrheit sagen und unbewusst hasste ich Tiziano und mich selbst.
Perugia war ganz anders als das Dörfchen, wo ich aufgewachsen war und meine Gewohnheiten änderten sich total.
Ich erfreute mich einer Unhabhängigkeit, die ich vorher nie hatte. Am Wochenende reiste ich. Für meine Landsmänner wäre das ein anstößiges, unmoralisches Leben gewesen.
Die Gässchen Perugias waren überfüllt mit ausländischen Mädchen, die mir in die Augen fielen, welche italienische Frauen gewohnt waren.
Ich schloss sofort mit vielen Menschen Freundschaft, vor allem mit denen, die an Kunst interessiert waren.
Musizieren, Erzählungen schreiben, Fotos machen, Zeichnen.
Ich wurde schreibsüchtig und konnte mich nicht mehr davon entgiften.
Endlich gehörte ich zu einer neuen Gruppe: Marco, Francesca, Giovanni, Denise…

Dann kam der erste Schnee… Ich schaute auf das vereiste Wasser des Springbrunnens und schenkte den schönen Mädels Blumen…

Wir hatten unsere erste Party. Ich kam zu spät. Ich klopfte. Das Lachen der Leute war heftig. Ich klopfte stärker, niemand schien gehört zu haben. Marco öffnete endlich und ich kam herein. Aus meinem Augenwinkel erkannte ich sie alle.
Ich legte meinen Mantel ab und ging in die Küche. Ich goss Wein in einen Becher ein und aß eine *Pizzetta mit carciofi und salame*.

Francesca entrò nella stanza, io la baciai sulle ciglia, che caddero subito a terra. Scoppiai in una risata e lei corse in bagno, chiudendo la porta a chiave. Quando uscì di nuovo, notai che aveva pianto. Mi volse le spalle ed io la seguii lungo il corridoio fino alla camera da letto.
Le dissi »ciao« e aggiunsi »hai una smagliatura«.
Lei sorrise in modo confuso e ripeté: »ciao«.
La fissai e le tolsi la camicetta, il reggiseno, la gonna e le mutandine. Fu tutto così spontaneo e semplice...

Nel frattempo, il semestre era giunto al termine ed io avevo preparato i miei primi esami all'università. I giorni volarono via. Iniziò un nuovo semestre. Ci incamminavamo per le strade di Perugia fino all'università. Le aule, le lezioni: tutte cose ora a noi divenute familiari.

I primi alberi iniziarono a fiorire... Osservavo la fontana, come la sua acqua selvaggia e libera, rimbalzava sul mio viso e regalavo mazzi di fiore alle belle ragazze...

Tiziano, lo incontravo raramente. Non faceva parte del gruppo. Si aggregava a noi di tanto in tanto e appariva estraneo e triste. Non riusciva a comprenderci.
Io, al contrario, ero interessato a tutto ciò che la vita poteva offrirci ed ero realmente grato di averlo scoperto.
Un ragazzo deve comprendere che, prima o poi, c'è una vita che lo aspetta. La deve stringere, accarezzare, abbracciare.
Un ragazzo deve vivere le proprie esperienze, deve mutare, cambiare, sperimentare ogni cosa per poter divenire un uomo compiuto, cosciente di se stesso, e senza lasciarsi alle spalle rimorsi che lo tormenterebbero all'infinito.
Tiziano avrebbe voluto che fossi rimasto sempre lo stesso. Non poteva accettare il mio cambiamento.
Ed io non potevo perdonargli di essere un legame col passato, che non mi apparteneva più. E una sera rompemmo quel silenzio, rinfacciandoci di essere divenuti estranei l'un l'altro.

Sono sdraiato sulla spiaggia e il sole splende sul mio sedere. Sono totalmente rilassato e mi godo lo spettacolo.
Così cantavano i »Tic Tac Toe«.

L'università stava per chiudere i portoni. Passai il mio ultimo esame.
L'atmosfera di vacanza invogliò gli studenti a ritornare a casa dei loro genitori.
Il giorno prima della partenza ci incontrammo in una piccola discoteca nel centro.
La luna splendeva.

Francesca betrat den Raum und ich küsste sie auf die Wimpern, die sofort auf den Boden hinunter fielen. Ich lachte und sie rannte ins Bad und sperrte sich ein. Als sie wieder auftauchte, bemerkte ich, dass sie geweint hatte. Dann drehte sie sich um, und ich folgte ihr durch den Flur zum Schlafzimmer.
»Hallo,« sagte ich und fügte hinzu, »du hast eine Laufmasche.«
Sie schmunzelte verwirrt und betonte: »Hallo.«
Ich starrte sie an und zog ihre Bluse, ihren BH, ihren Rock, ihre Unterhose aus. Es war alles spontan und einfach...

Das Semester war inzwischen zu Ende und ich bereitete meine ersten Prüfungen an der Uni vor. Die Tage vergingen wie im Fluge. Ein neues Semester begann und wir liefen durch die Gässchen Perugias bis zur Uni, zu den Räumen, zu Vorlesungen, die uns jetzt vertraut waren.

Die ersten Bäume begannen zu blühen. Ich schaute auf den Springbrunnen und wie sein Wasser wild und frei auf mein Gesicht prallte und schenkte Blumen an die schönen Mädels...

Ich traf Tiziano selten. Er gehörte nicht zu unserer Gruppe. Er war nicht dabei. Nur ab und zu kam er und sah fremd und traurig aus. Er konnte uns nicht verstehen.
Ich dagegen war ungläubig vor allem über das, was das Leben bieten kann und ich war wirklich dankbar, dass ich es entdeckte hatte.
Ein junger Mann muss verstehen, dass früher oder später ein Leben auf ihn wartet. Er muss es umfassen, umarmen, streicheln.
Er muss seine eigenen Erfahrungen machen, sich verändern und alles erleben, um ein vollendeter Mann zu werden; von sich selbst bewusst die Gewissensbisse abschütteln, die ihn sonst ewig quälen würden.
Tiziano wollte, dass ich mich nie verändere. Er konnte es nicht akzeptieren.
Und ich konnte ihm nicht vergeben, dass er eine Verbindung zu meiner Vergangenheit war, die mir nicht mehr gehörte. Und eines Abends brachen wir jene Stille ab, indem wir uns vorwarfen, dass wir Fremde geworden waren.

Ich liege am Strand und die Sonne scheint mir auf den Popo. Ich bin total relaxed und genieße ihre Scho-ow.
So sangen »Tic Tac Toe.«

Die Universität war dabei, ihre Türen zu schließen. Ich machte meine letzte Prüfung. Urlaubsstimmung trieb die Studenten zu ihren Eltern nach Hause.
Am Tag vor der Abfahrt trafen wir uns in einer kleinen Disko im Zentrum.
Der Mond schien.

Dappertutto sciami di studenti. Le strade odoravano di birra e di vino. E naturalmente »di avventura«.
L'intero gruppo si trovava di fronte all'entrata, quando arrivai io.
Tutti tenevano il biglietto d'ingresso nelle loro mani. Scendemmo le scale.
Marco lasciò la sua giacca al guardaroba, faceva un caldo tremendo. Francesca se ne accorse e sorrise. Marco indossa quasi sempre abiti eleganti. Ballammo tutta la notte.
All'alba lasciammo il locale.
Denise si fermò improvvisamente e guardò, mentre io e Giovanni svoltavamo in un vicolo, e girati di spalle, uno accanto all'altro, urinavamo.
Tutti volevano prendere la propria valigia e raggiungere la stazione ferroviaria.

Io osservai la fontana, come la sua acqua selvaggia e libera, rimbalzava sul mio viso, mi diressi verso un caffè, mi sedetti ad un tavolo sulla strada.

Rimasto solo, presi, dalla mia valigia, una penna, un foglio di carta, ed iniziai a scrivere la prima frase, poi il luogo, il nome delle strade e delle persone, descrissi suoni uditi, cose viste, amori, amicizie, gioie, dolori, il titolo...
... concludendo così il mio primo racconto: questo.

Eall is earfoolic eorpan rice;
Onwendev wyrde gesceaft werould under heofonum[2]

Bè, quella sera, dopo il litigio, Tiziano è ritornato definitivamente nel nostro paesino a osservare, tra videogiochi e birra ai tavolini, il corso deserto di notte...

1 »Il fato è completamente inesorabile«; da *The Wanderer* (Il viandante), poema anglosassone

2 »Tutto è difficile nel regno della terra: Il mondo sotto il cielo lo fa il destino«; Ibidem

Überall Schwärme von Studenten. Die Straßen rochen nach Bier, nach Wein. Und natürlich nach Abenteuer.
Die ganze Gruppe stand vor der Tür als ich kam.
Alle hielten ihre Eintrittskarte in ihren Händen. Wir gingen die Treppe hinunter.
Marco ließ seine Jacke an der Garderobe und es war verdammt warm. Francesca bemerkte es und lächelte. Marco trägt fast immer einen Anzug. Wir tanzten die ganze Nacht.
Bei Morgengrauen verließen wir das Lokal.
Denise blieb plötzlich stehen und beobachtete wie ich und Giovanni in ein Gässchen abbogen und nebeneinander, mit dem Rücken zu ihr, pissten.
Jeder wollte seinen Koffer nehmen und den Bahnhof erreichen.

Ich schaute auf den Springbrunnen und wie sein Wasser wild und frei auf mein Gesicht prallte, wandte mich einem Cafe zu, setzte mich an einen Tisch auf der Strasse.

Allein holte ich einen Kugelschreiber aus meinem Koffer, dazu ein Stück Papier, und begann den ersten Satz zu notieren, dann den Ort, die Namen der Straßen und Personen, Geräusche, die ich hörte, Dinge, die ich sah, Liebesbeziehungen, Freundschaften, Freud und Leid, den Titel...
... und brachte meine Erste Geschichte zu Ende: Diese.

Eall is earfodlich eorpan rice;
Onwended wjrda gesceaft werould under heofonum[3]

An jenem Abend, an dem wir uns gestritten hatten, ist Tiziano endgültig in unser Dörfchen zurückgekehrt, zwischen Videospiel und Bier an den Tischen auf der Straße, den öden Korso zu beobachten.

1 »Das Schicksal ist total unabwendbar«. Aus: »The Wanderer«, angelsächsisches Gedicht.
2 Italienisches Auto
3 »Alles ist sehr schwierig in dem Erdenreich; Das Schicksal macht sich die Welt untertan«. Aus: »The Wanderer«, angelsächsisches Gedicht

DELLO STESSO AUTORE / WEITERE BÜCHER VOM GLEICHEN AUTOR:

Racconti sotto le stelle - Tales under the stars
Edizione bilingue (italiano - inglese)
Zweisprachiges Buch (Italienisch - Englisch)

La Filosofia di Julia - Julias Philosophie
Edizione bilingue (italiano - tedesco)
Zweisprachiges Buch (Italienisch - Deutsch)

Julias Philosophie
(tedesco)
(Deutsch)

Judith Hermann e Berlino:
una scrittrice, la sua generazione, la sua città
(italiano)
(Italienisch)

ilb berlino:
passeggiata nel panorama della letteratura mondiale
(italiano)
(Italienisch)

Berlino specchio dei tempi:
i protagonisti della politica internazionale
(italiano)
(Italienisch)

Jazzfest Berlin:
passeggiata nel panorama jazzistico internazionale
(italiano)
(Italienisch)

Cinema tedesco contemporaneo
(italiano)
(Italienisch)

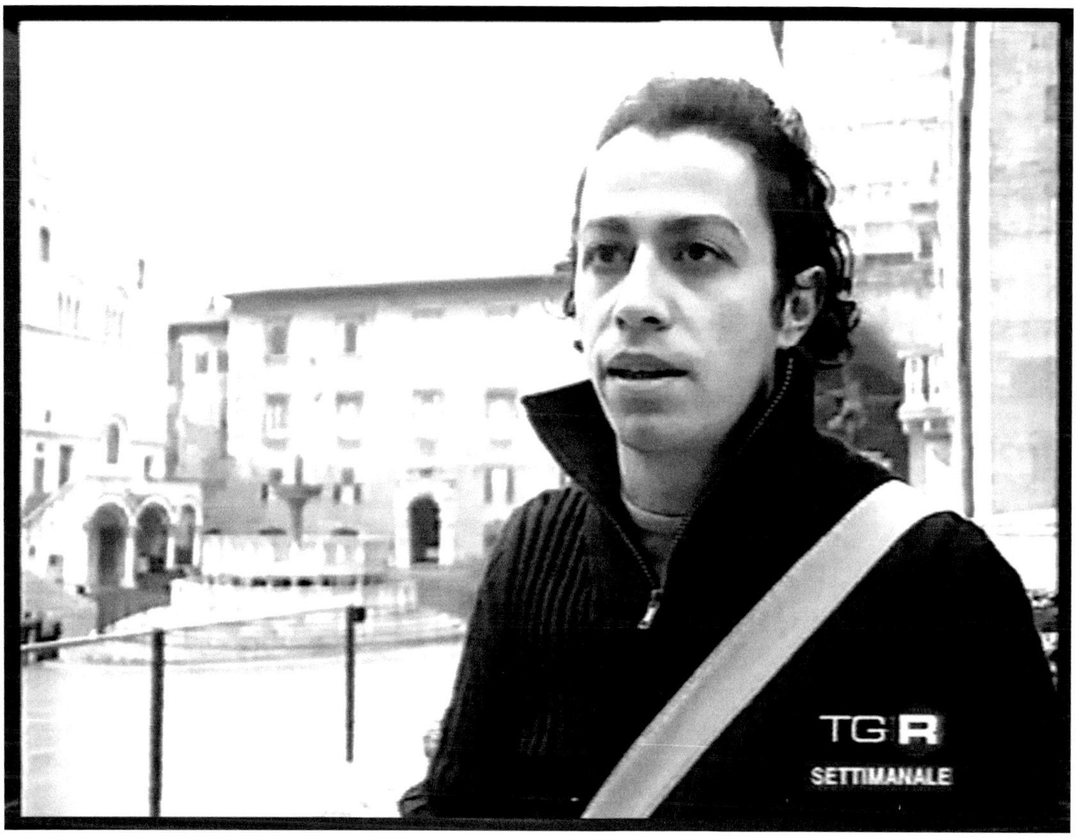

Emilio Esbardo è scrittore, giornalista e fotografo. I primi suoi tre libri sono stati pubblicati con lo pseudonimo Natalino Bardi presso l'editore Morlacchi. Dal 2012, sulla sua rivista »il nuovo Berlinese«, descrive la città di Berlino in tutte le sue sfaccettature, intervista personaggi importanti e pubblica reportage fotografici di eventi interessanti.

Emilio Esbardo ist Schriftsteller, Journalist und Fotograf. Seine ersten drei Bücher sind im Jahr 2001 und 2002 unter dem Künstlernamen Natalino Bardi im Morlacchi Verlag in Italien erschienen. Seit 2012 berichtet er in seiner Online-Zeitschrift »il nuovo Berlinese« über die Stadt Berlin in all ihren Facetten, führt Interviews mit den bedeutendsten Protagonisten und veröffentlicht Fotoreportagen über wichtige Veranstaltungen.

www.emilioesbardo.com
www.pensierieconfronti.com
www.ilnuovoberlinese.com